わくわくシアター 日本と世界の昔話

チャイルド本社

わくわくシアター**日本と世界の昔話**
もくじ

第2章	日本の昔話

昔話シアターのポイント ♪

**子どもたちが大好きな昔話。長く語り継がれたお話に触れると、心の栄養になります。
そんな昔話のシアターの魅力と、さらに楽しくなるポイントを紹介します！**

道灌山学園保育福祉専門学校保育部長、道灌山幼稚園主事／阿部 恵

Point 1
「知ってる！」だから、もっと楽しい！

昔話のシアターを始めると、子どもたちから「知ってる！」と声があがるかもしれませんが、心配せず、そのまま演じましょう。子どもにとって、知っているというのは、うれしいことです。知っているからこそ、お話の世界がイメージしやすく、安心して楽しむことができます。

昔話は、何百年も語り継がれるなかで選び抜かれ、洗練されたお話です。幼児期に、昔話の楽しさ・怖さ・おもしろさに触れる機会をたくさん作りましょう。

Point 2
脚本を丸暗記しなくてもOK！

脚本を完璧に覚えなくても大丈夫です。あらすじを覚えて、肉付けしていきましょう。

地域や話し手によって違いがあるのも昔話のよさ。せりふなどは自分の言葉で伝えるのもいいですね。地域の方言を生かすのも味わいが出そうです。また、お話に出てくる川や山を、子どもがなじんでいる身近な川や山の名前にしても楽しいでしょう。

Point 3
子どもに合わせて演じよう！

子どもたちの年齢や経験によって、聞きやすいテンポや興味をもつ事柄が違います。例えば、3歳児にはじめてのお話を演じるならゆっくりと、5歳児ならテンポよく演じます。子どもから質問が出たら、その言葉を拾って簡単に説明しましょう。ただし、説明はくどくならないように。大切なのは、子どもに合わせて演じ方を調節することです。子どもの反応はメモを残し、次に演じるときに生かすとよいでしょう。

Point 4
シアター遊びもおすすめ！

危険なパーツがなければ、子どもがシアターに使った人形に触って遊べるようにしましょう。ストーリーを知っている子は、自分たちで演じて遊ぶこともできるので、表現することのおもしろさに気づくきっかけにもなります。

また、人形を子どもたちといっしょに作っても楽しめます。画用紙にペープサートの型紙をコピーしておき、子どもが色を塗ってもよいでしょう。

赤ずきん

お母さんに頼まれて、おばあちゃんのお見舞いに行くことになった赤ずきん。
しかしベッドで寝ていたのはおおかみ！ さあ、赤ずきんは、どうなるのでしょうか？

型紙
P.65

案●山本和子　絵人形イラスト●イシグロフミカ
モデル●石塚かえで

このシアターに使うもの

赤ずきん		お母さん／おばあちゃん		おおかみ1		狩人		ベッド
（表）	（裏）	（表）	（裏）	（表）	（裏）	（表）	（裏）	

お花

おおかみ2
（表）　（裏）

油粘土（3個）

1

台の下で、ベッドを油粘土に立ててセットしておきます。
赤ずきん（表）を出します。

保育者　むかしむかし、赤いずきんが気にいって、
　　　　いつもかぶっている女の子がいました。
　　　　みんなから赤ずきんと呼ばれていました。

2

お母さん（表）を出し、赤ずきん（表）に話しているように動かします。

保育者 ある日、赤ずきんは、お母さんにおつかいを頼まれました。

お母さん 赤ずきんちゃん、森の家にいるおばあちゃんが病気なの。お見舞いに、パンとぶどう酒を持って行ってあげてね。

赤ずきん はい、お母さん。

お母さん 途中で寄り道をしてはだめよ。

赤ずきん わかったわ。行ってきまーす！

お母さん（表）を下げます。

3

赤ずきん（表）を歩くように動かします。
おおかみ1（表）を出して、話すように動かします。

保育者 赤ずきんが森の中を歩いて行くと、おおかみに出会いました。赤ずきんは、おおかみが恐ろしいことを知りません。

おおかみ やあ、赤ずきんちゃん、どこへ行くんだい？

赤ずきん 森の家にいるおばあちゃんのお見舞いに行くの。

おおかみ お見舞いなら、あっちの森の中でお花を摘んで行ってあげるといいよ。きっとおばあちゃんが喜ぶよ。

4

保育者 赤ずきんは、寄り道をしてはいけないことをすっかり忘れてしまいました。

赤ずきん わあ、すてき！　お花を摘んで行こうっと。おおかみさん、ありがとう。

赤ずきん（表）を、うれしそうに動かしてから下げます。

おおかみ うひひ、しめしめ。このおおかみさまが、おばあちゃんも、赤ずきんも、ぱっくり食べてやるぞ。

おおかみ1（表）を下げます。

5

ベッドの切り込みに、おばあちゃん（裏）を挟んで出します。
おおかみ1（表）を出し、走っているように動かします。

[保育者] おおかみは、おばあちゃんの家に先回り。
[おおかみ] トントントン。おばあちゃん、赤ずきんよ。
　　　　　お見舞いにきたの。
[おばあちゃん] まあ、赤ずきんちゃん、お入りなさい。
[保育者] おおかみは家に入るなり…。

おおかみ1（表）を、おそいかかるように動かして、
ベッドに寝ているおばあちゃん（裏）の上に重ねます。

[おおかみ] ウオー！ ぱっくり！

おばあちゃん（裏）をベッドの切り込みから外して下げます。

6

ごほん、ごほん、
赤ずきんや、お入り

[保育者] おばあちゃんをひと飲みにすると、おおかみは
　　　　　ベッドにもぐりこみました。

おおかみ1（表）を反転させて（裏）にし、ベッドの切り込みに挟みます。

[おおかみ] うふふ、今度は赤ずきんを、ぱっくりいただきだ。
[保育者] そこへ、花を摘んだ赤ずきんがやってきました。

バスケットにお花を貼った赤ずきん（表）を、
おおかみから少し離れた所に出します。

[赤ずきん] トントントン。おばあちゃん、赤ずきんよ。
　　　　　お見舞いに来たのよ。
[おおかみ] ごほん、ごほん、赤ずきんや、お入り。

7

赤ずきん（表）を反転させて（裏）にし、せりふことに、
ベッドに寝ているおおかみ1（裏）に少しずつ近づけます。

[赤ずきん] あれ？ おばあちゃん、いつもと違うわ。
　　　　　どうしてそんなに、お耳が大きいの？
[おおかみ] それは…、おまえのかわいい声を、
　　　　　よく聞くためだよ。
[赤ずきん] ねえ、おばあちゃんの目は、
　　　　　どうしてそんなに大きいの？
[おおかみ] それは…、おまえのかわいい顔を、
　　　　　よく見るためさ。

よく見るためさ

よく聞くためだよ

8

| 赤ずきん | でも、おばあちゃんのお口は、どうしてそんなに大きいの？ |
| おおかみ | それはね、うまそうなおまえを、ぱっくりと食べるためさ！ |

「食べるためさ！」でおおかみ1（裏）をベッドから抜いて、赤ずきん（裏）に重ねます。

| 赤ずきん | きゃあー！ |
| おおかみ | ウオー！ ぱっくり！ |

赤ずきん（裏）を下げます。

9

おおかみ1（裏）を一度パッと下げ、おおかみ2（表）を横向きにして油粘土に立てます。ベッドを下げます。

| おおかみ | おばあちゃんと赤ずきんを食べたら、おなかがいっぱい。ふああ、眠くなってきたぞ。どれ、ひと眠りするか。ぐう〜ぐう〜、ぐわ〜〜！ |
| 保育者 | おおかみが、大いびきで眠っているところへ、狩人が通りかかりました。 |

狩人（表）を、少し離して出します。

| 狩人 | おや、おばあちゃんときたら、ずいぶん大きないびきをかいているなあ。どれ、様子を見てみよう。 |

10

| 保育者 | 家に入った狩人は、おおかみを見つけて、びっくり！ |
| 狩人 | ややっ、おおかみが眠っているぞ！しかも、おなかがぱんぱんに膨らんでいる。さては、おばあちゃんを食べたんだな。よしっ！ |

狩人（表）を反転して（裏）にし、おおかみ2（表）に近づけ、はさみでおなかを切っているように動かします。

| 保育者 | 狩人ははさみを出して、眠っているおおかみのおなかをジョキ ジョキ ジョキ！すると…。 |

9

11

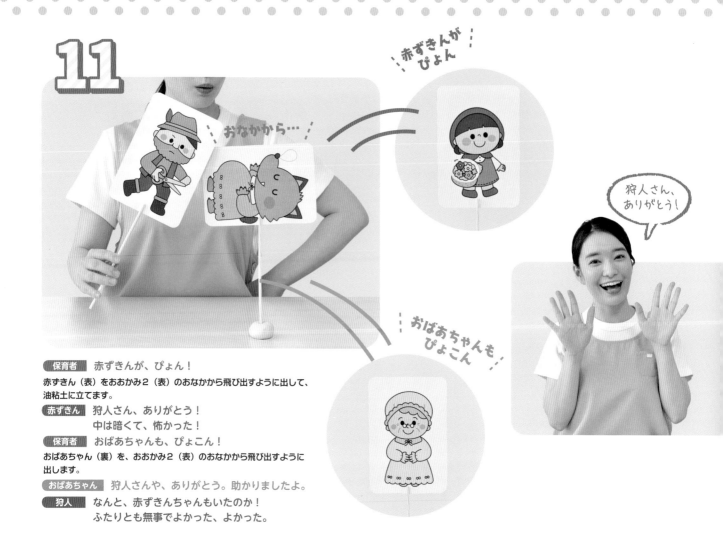

おなかから…

赤ずきんが
ぴょん

狩人さん、
ありがとう！

おばあちゃんも
ぴょこん

保育者 赤ずきんが、ぴょん！
赤ずきん（表）をおおかみ2（表）のおなかから飛び出すように出して、
油粘土に立てます。
赤ずきん 狩人さん、ありがとう！
中は暗くて、怖かった！
保育者 おばあちゃんも、ぴょこん！
おばあちゃん（裏）を、おおかみ2（表）のおなかから飛び出すように
出します。
おばあちゃん 狩人さんや、ありがとう。助かりましたよ。
狩人 なんと、赤ずきんちゃんもいたのか！
ふたりとも無事でよかった、よかった。

12

狩人（裏）を反転させて（表）にして、
油粘土に立てます。
保育者 おばあちゃんは、
おおかみのおなかを
ちくちく縫いました。
おばあちゃん（裏）を、おおかみ2（表）
のおなかの上で動かします。
保育者 目をさました
おおかみは…。

ちくちく

13

| おおかみ | わあっ、狩人だ！
まずい、逃げなくちゃ！ |

おおかみ2（表）を反転させて（裏）にします。
割り箸を横にして持ち、逃げるように動かして
下げます。

| おおかみ | あたた、おなかが痛い。
いたた、いたた。 |
| 保育者 | おおかみはおなかを押さえて、
逃げていきました。 |

いたた、いたた

14

おしまい

赤ずきん（表）とおばあちゃん（裏）を持って、
楽しそうに動かします。

赤ずきん	おばあちゃん、お見舞いに、 パンとぶどう酒とお花を持って来たのよ。
おばあちゃん	赤ずきんちゃんや、ありがとう！ 狩人さんも、いっしょに食べましょう。
保育者	赤ずきんのお見舞いのおかげで、 おばあちゃんの病気も すっかりよくなったんですって。

作り方

材料 ■ 画用紙、割り箸

型紙をコピーした画用紙に色を塗る

山折りして貼り合わせる

切る

割り箸を割らずに挟んでセロハンテープで留める

ベッド

切り込み入れて、絵人形を挟めるようにする

裏側から両端に割り箸をセロハンテープで貼る

11

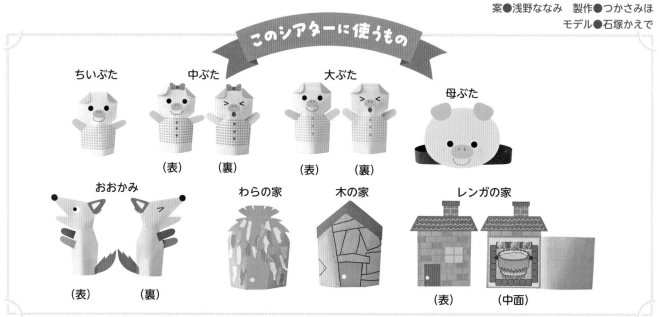

封筒
を使って

3びきの子ぶた

仲のよい3びきの子ぶたたちは、それぞれにおうちを作りました。そこへ、
おなかをすかせたおおかみがやって来て…。子ぶたたちは助かるのでしょうか。

型紙
P.68

案●浅野ななみ　製作●つかさみほ
モデル●石塚かえで

このシアターに使うもの

ちいぶた　　　中ぶた　　　　　　大ぶた　　　　　　母ぶた

（表）　　（裏）　　　　（表）　　（裏）

おおかみ　　　　　わらの家　　　　木の家　　　　　レンガの家

（表）　　　（裏）　　　　　　　　　　　　　　　　（表）　　（中面）

保育者は、母ぶたのお面をかぶり、せりふに合わせて大ぶた（表）、
中ぶた（表）、ちいぶたを出します。

自分のおうちを
作りましょう

母ぶた	わたしはお母さんぶたよ。わたしには、3びきの子ぶたがいるの。大ぶたちゃーん。
大ぶた	ブーイ。
母ぶた	中ぶたちゃーん。
中ぶた	ブイブイ。
母ぶた	ちいぶたちゃーん。
ちいぶた	ブブブイ。
母ぶた	子ぶたちゃんたちも大きくなったから、自分のおうちを作りましょう。
大ぶた・中ぶた・ちいぶた	えー、できるかな。

母ぶたのお面を取ります。

2

大ぶた よーし、ぼくはわらでおうちを造るぞ。
さっさかさーのさ〜、さっさかさーのさ〜、
ほーら、あっという間にできあがり。
わらのおうちに入ろうっと！

わらの家を少しずつ出し、全部出したら、その後ろに
大ぶた（表）を置きます。

中ぶた わたしは木で造るわ。ギーギーギコギコ
トントコトントントン、よーし、できあ
がり。木のおうちに入ろうっと！

木の家を少しずつ出し、全部出したら、その後ろに
中ぶた（表）を置きます。

ちいぶた ぼくは丈夫なレンガの家を造るぞ。
よいしょペタペタ、よいしょペタペタ、
もう少し！ よいしょペタペタ、ふう〜、
たいへんだったけど、やっとできあがり！
レンガのおうちに入ろうっと！

レンガの家を少しずつ出し、全部出したら、その後ろに
ちいぶたを置きます。

3

ちいぶた・中ぶた（表）・レンガの家・木の家を下げます。
おおかみ（表）を出し、わらの家に近づけます。

おおかみ おやおや？ こんな所にわらの家があるぞ。
クンクン、なんだかうまそうな匂いがする。
こりゃ、子ぶたの匂いだ！ トントントン。

保育者はわらの家をたたくしぐさをします。

大ぶた どなた？

おおかみ うちに入れてくれー。

大ぶた（表）を、家の外をのぞいているように動かします。

大ぶた わー、たいへん！ おおかみだ！
お前をうちになんか入れないよ！

4

おおかみ なに？ それなら、こんなわらのうちは
吹き飛ばしてやる！
それ！ パーピープー、パーピープー！

保育者 ぴゅう〜。

わらの家を飛ばして、大ぶた（表）を逃げるように動かします。

大ぶた わー、たいへん！ 助けてー！

おおかみ 待てー。

大ぶた（表）を反転して（裏）にし、おおかみ（表）が追いかける
ように動かしてから、おおかみを下げます。
中ぶた（表）と木の家を出します。

3びきの子ぶた

5

大ぶた（裏）を木の家に近づけます。

大ぶた 中ぶたちゃーん、助けてー。おおかみが来たよー！

中ぶた たいへん！ 早くうちに入って！

大ぶた（裏）・中ぶた（表）を木の家の後ろに置きます。

6

おおかみ（表）を出し、木の家に近づけます。

おおかみ このうちに入っていったぞ。トントン。
中に入れてくれー。

中ぶた おおかみなんか、うちに入れないわ。

おおかみ なに？ それなら、こんな木のうちは吹き飛ばしてやる！
それ！ パーピープー、パーピープー、パーピープー！

保育者 びゅうう～。

木の家を飛ばして、中ぶた（表）を反転して（裏）にし、大ぶた（裏）と中ぶた（裏）
を逃げるように動かします。

大ぶた・中ぶた わ～、たいへん！ 助けて！

おおかみ 待て～。

大ぶた（裏）と中ぶた（裏）を、おおかみ（表）が追いかけるように動かしてから、
おおかみを下げます。ちいぶたとレンガの家を出します。

7

大ぶた（裏）と中ぶた（裏）をレンガの家に近づけます。

大ぶた・中ぶた ちいぶたちゃーん、助けてー。
おおかみが来たよー！

ちいぶた たいへんだ！ 早くうちに入って！

大ぶた（裏）・中ぶた（裏）を反転して（表）にし、ちいぶたと
いっしょにレンガの家の後ろに置きます。

8

おおかみ（表）を出します。

おおかみ この家に入ったぞ。トントン。中に入れてくれー。

ちいぶた お前なんかうちに入れないぞ。

おおかみ なに？ それなら、こんなレンガのうちは吹き飛ばしてやる！
それ！ パーピープー、パーピープー、あれ？
飛ばないぞ？ パーピープーのプー、パーピープーの
プ――。ふう～、こりゃだめだ。
よーし、あの煙突から入ってやろう。

⑨

よいしょ、よいしょ

わー！落ちる！

アチチチチ！

おおかみが煙突から入ろうとしているよ！

レンガの家を開き、子ぶたたち（表）を出します。
ちいぶた たいへんだ！ おおかみが煙突から入ろうとしているよ！ 急いで暖炉で火をたいてお湯を沸かそう。
おおかみ よいしょ、よいしょ。
おおかみ（表）を、煙突に登っているように動かします。

おおかみ わー！ 落ちるー！
おおかみ（表）を煙突から鍋に落ちていくように動かしながら、せりふを言います。
おおかみ ア、アチチチチ！ 助けてくれー。
鍋の所まで来たら、おおかみ（表）を反転して（裏）にします。

⑩ おしまい

おおかみ（裏）を下げ、レンガの家を閉めます。
大ぶた わーい！ おおかみが逃げて行ったよ！
ちいぶた 丈夫なレンガのおうちなら、おおかみが来たって大丈夫！
中ぶた よかったね！
保育者 ３びきの子ぶたたちは、レンガのおうちで仲よく暮らしましたとさ。

作り方 　材料 ■ 長３封筒、丸シール、色画用紙、画用紙、柄入り折り紙、紙筒、輪ゴム、段ボール板、Ｂ５封筒、折り紙、包装紙

－・－・－ 山折り
－－－－ 谷折り
◯ 切り取る

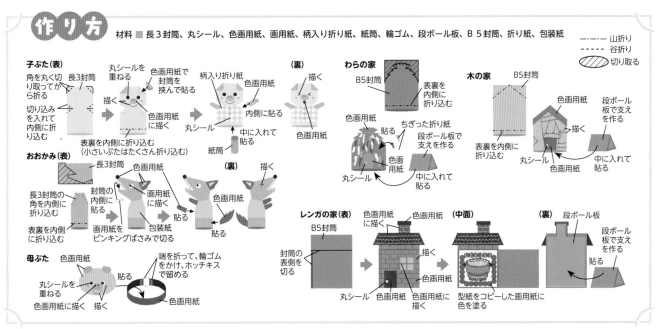

子ぶた（表）
角を丸く切り取ってから折る
長３封筒
丸シールを重ねる
色画用紙で封筒を挟んで貼る
描く
切り込みを入れて内側に折り込む
色画用紙に描く
表裏を内側に折り込む

（裏）
柄入り折り紙
色画用紙
丸シール
内側に貼る
色画用紙
中に入れて貼る（小さいぶたはたくさん折り込む）
紙筒

わらの家
Ｂ５封筒
表裏を内側に折り込む
色画用紙
ちぎった折り紙
貼る
段ボール板で支えを作る
色画用紙
丸シール
中に入れて貼る

木の家
Ｂ５封筒
色画用紙
描く
段ボール板で支えを作る
表裏を内側に折り込む
丸シール
色画用紙
中に入れて貼る

おおかみ（表）
長３封筒
色画用紙
長３封筒の角を内側に折り込む
表裏を内側に折り込む
封筒の内側に貼る
画用紙に描く
画用紙をピンキングばさみで切る

（裏）
描く
画用紙に描く
色画用紙
貼る
包装紙
貼る

レンガの家（表）
Ｂ５封筒
封筒の表側を切る
色画用紙に描く
色画用紙
描く
色画用紙
丸シール
色画用紙
色画用紙に描く

（中面）
描く
型紙をコピーした画用紙に色を塗る

（裏）
段ボール板
段ボール板で支えを作る
貼る

母ぶた
色画用紙
丸シールを重ねる
色画用紙に描く
描く
貼る
端を折って、輪ゴムをかけ、ホッチキスで留める
色画用紙

15

みにくいあひるの子

画用紙を使って

みんなと見た目が違うので、どこへ行っても邪魔者扱いの、みにくいあひるの子。
美しい白鳥と出会い、どんな結末が待っているのでしょうか。

型紙
P.70

案・製作●あかまあきこ　モデル●吉田芽吹

このシアターに使うもの

あひるの親子

みにくい
あひるの子

いぬ

おばあさんと
にわとりとねこ

沼

羽ばたく白鳥

白鳥（2羽）

草むら

あひるの親子を出します。

保育者	池のそばの茂みで、あひるの子どもが生まれました。
あひるの子たち	ピーピーピー！
お母さんあひる	まあ、生まれたわ。かわいい子たちね。あら、もう1つ大きな卵がまだだわ。さあ、早く生まれておいで。

池のそばの茂みで、
あひるの子どもが
生まれました

ピー
ピー
ピー！

2

みにくいあひるの子を出します。

みにくいあひるの子	ピーピーピー！
お母さんあひる	やっと生まれたわ。まあ、変わった色の子ね。 それに他の子たちとなんだか違うわ。
あひるの子たち	ピーピー、くちばしと足が黒いぞ。 それに色も汚くて、なんてみにくいんだ。
保育者	みにくいあひるの子は、仲間外れにされてしまいました。

まあ、変わった
色の子ね

ピーピーピー！

ぼくは、
独りぼっち…

3

あひるの親子を下げます。

保育者	みにくいあひるの子は、毎日とても悲しくて、 とうとう巣から出て行ってしまいました。 そして、歩いて歩いて、沼にたどり着きました。

沼を出します。

みにくいあひるの子	ぼくは、独りぼっち…。 ああ、みにくいからなんだ。

4

保育者	するとそこへ、いぬがやって来ました。

いぬを出し、せりふに合わせて動かします。

いぬ	わん、わん！　わわわん！
みにくいあひるの子	わあ！　いぬだ！　怖いよ〜。
いぬ	なんだ！　みにくいやつだな。 もっとすてきなものを探しに行こう。

いぬを下げます。

みにくいあひるの子	ぼくはよっぽどみにくいんだな。 でも、おかげで助かったよ。

わん、わん！
わわわん！

わあ！　いぬだ！
怖いよ〜

5

沼を下げます。

| 保育者 | みにくいあひるの子は、とぼとぼ歩いて、1軒の家に着きました。 |

おばあさんとにわとりとねこを出します。

| 保育者 | そこには、おばあさんとにわとりとねこが住んでいました。 |

| おばあさん | おやまあ。おまえはあひるかい？
それなら卵を産んでおくれ。にわとりは毎日卵を産んで、役に立っているからね。ねこはなでるとゴロゴロとかわいいしね。 |

| みにくいあひるの子 | ぼく、卵は産めません。 |

| 保育者 | みにくいあひるの子はしょんぼりして、出て行きました。 |

おばあさんとにわとりとねこを下げます。

6

| 保育者 | みにくいあひるの子は、またとぼとぼ歩いて、沼に戻っていきました。 |

沼を出します。

| みにくいあひるの子 | ぼくは独りぼっちなんだ。寂しいな。 |

| 保育者 | すると、沼の上を真っ白な白鳥が飛んでいくのが見えました。 |

羽ばたく白鳥を出して、飛んでいるように動かし、みにくいあひるの子をやや上に向けます。

| みにくいあひるの子 | あ！ 白鳥だ！ なんてきれいなんだろう。 |

羽ばたく白鳥を下げます。

7

| 保育者 | それからしばらくして、冬がやって来ました。 |

草むらを沼の前に出します。

| みにくいあひるの子 | 寒くなってきたなあ。この草むらの中で、冬を過ごすことにしよう。 |

みにくいあひるの子を、草むらの後ろに移動させてから、下げます。

草むらの後ろに白鳥を1羽出します。
保育者 それから長い、長ーい冬が過ぎました。
みにくいあひるの子 ふあ〜。なんだかきょうは少し、暖かいな。
　　　　　　　　　　春がやって来たのかな？
草むらから白鳥の顔を出します。
保育者 すると、向こうから白鳥が近づいて来ました。
もう1羽の白鳥を出して、動かします。

春がやって
来たのかな？

9 おしまい

えっ、あの…
ぼく…

白鳥 こんにちは。いいお天気ね。
みにくいあひるの子 えっ、あの…ぼく…。
保育者 みにくいあひるの子はどきどきして、うつむいてしまいました。
草むら側の白鳥を少し下に向けます。
保育者 すると、水面に映った自分の姿を見て驚きました。
みにくいあひるの子 あっ、白鳥だ！
　　　　　　　　　　ぼくは白鳥だったんだ！
白鳥 さあ、いっしょに遊びましょう。
みにくいあひるの子 うん！
保育者 みにくいあひるの子は、もう独りぼっちじゃありません。よかったね。

作り方 材料 ■ 色画用紙、画用紙、紙コップ、厚紙

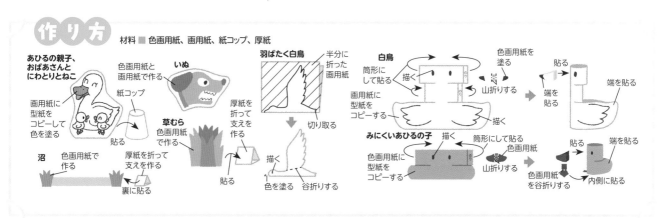

あひるの親子、
おばあさんと
にわとりとねこ
色画用紙と
画用紙で作る
いぬ
紙コップ
画用紙に
型紙を
コピーして
色を塗る
貼る
草むら
色画用紙
で作る
厚紙を
折って
支えを
作る
貼る

羽ばたく白鳥
半分に
折った
画用紙
切り取る
描く
色を塗る　谷折りする

白鳥
色画用紙を
塗る
筒形に
して貼る
描く
山折りする
画用紙に
型紙を
コピーする
描く
貼る
端を
貼る
端を貼る

みにくいあひるの子
描く
筒形にして貼る
色画用紙
色画用紙に
型紙を
コピーする
山折りする
色画用紙
を谷折りする
貼る
端を貼る
内側に貼る

沼
色画用紙で
作る
厚紙を折って
支えを作る
裏に貼る

19

3びきのくま

紙筒・空き容器 を使って

くまたちが森に出かけている間に、女の子がやって来て、スープを飲んだり、
椅子を壊したり…。大・中・小のくまの声を変えて楽しく演じましょう。

型紙
P.72

案・製作●あかまあきこ　モデル●石塚かえで

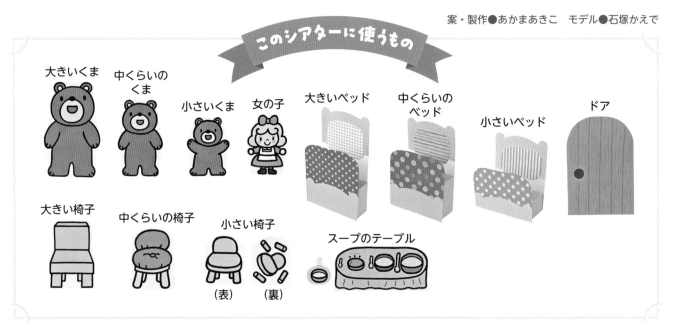

このシアターに使うもの

大きいくま　中くらいのくま　小さいくま　女の子　大きいベッド　中くらいのベッド　小さいベッド　ドア

大きい椅子　中くらいの椅子　小さい椅子　（表）（裏）　スープのテーブル

スープのテーブルに、スープのしかけを付けておきます。
ドア、スープのテーブル、椅子、ベッドを机の上に出して、
せりふに合わせて、くまを1ぴきずつ登場させます。

保育者　むかしむかし、森の中に
1軒のおうちがありました。
そのおうちにはくまが3びき、
仲よく暮らしていました。
大きいくま、中くらいのくま、
それから小さいくまです。

くまが3びき、
仲よく暮らして
いました

2

> さあ、スープが
> できたよ

大きいくまは低い声で、中くらいのくまは普通の高さの声で、
小さいくまは高い声で話します。

（保育者）　ある日の朝です。

（大きいくま）　さあ、スープができたよ。

（中くらいのくま）　おいしそう！ でもちょっと熱そうね。

（小さいくま）　それなら、スープが冷めるまでお散歩に行こうよ。

（保育者）　そこで3匹のくまたちは森へ出かけて行きました。

くまたちを、ドアの後ろを通して、外へ出たように動かしたあと、下げます。

3

> 誰もいないのかしら？
> お邪魔します

（保育者）　すると、そこへ誰かがやって来ました。
　　　　　トントン！ トントン！

戸をたたくしぐさをして、女の子の顔をドアから少し出します。

（女の子）　あら、返事がないわ。誰もいないのかしら？
　　　　　お邪魔します。誰かいませんか？

女の子を中に入れます。

4

> 小さいスープは
> どうかしら？

女の子をスープのテーブルの近くに動かします。

（女の子）　まあ、なんておいしそうなスープなの？
　　　　　おなかペコペコだわ。いただきます！

大きいスープから順に食べるように動かします。

（女の子）　熱い！ 大きいスープは熱いわ。
　　　　　中くらいのスープはどうかしら？ これもまだ熱い。
　　　　　小さいスープはどうかしら？ まあ、ちょうどいいわ。

スープのしかけを外し、空にします。

（女の子）　ああ、おいしかった！

5

> まあ！ 硬い！

> らんらんらん！

> ボキ
> ボキッ！

女の子を椅子に近づけ、大きい椅子から順に座るように動かします。

（女の子）　あっ、すてきな椅子が3つもあるわ。座ってみましょう。
　　　　　まあ！ 硬い！ 大きい椅子は硬いわ！
　　　　　中くらいの椅子はどうかしら？
　　　　　あらあら、これは柔らかすぎる。
　　　　　小さい椅子はどうかしら？ ちょうどいいわ！
　　　　　らんらんらん！

（保育者）　女の子が椅子に座って、はしゃいでいると…。
　　　　　ボキボキッ！

小さい椅子（表）を反転して（裏）にします。

（女の子）　きゃあー！ あーあ、壊れちゃった。

6 女の子をベッドに近づけ、
大きいベッドから順に入るように動かします。

> **女の子** あっ、こっちにはベッドがあるわ。
> ちょうど眠くなってきたから休みましょう。
> 大きいベッドは…大きすぎるわ。
> 中くらいのベッドは…まだ大きすぎる。
> 小さいベッドは…ちょうどいいわ！ ふあ～。
> おやすみなさい。

女の子を小さいベッドに入れて、頭の上だけが見えるようにします。

中くらいの
ベッドは…まだ
大きすぎる

ふあ～。
おやすみなさい

おや、
3びきのくまたちが
お散歩から
帰って来ましたよ

誰かが
ぼくのスープを…
全部食べちゃった！！

7

> **保育者** 女の子は眠ってしまいました。
> おや、3びきのくまたちが
> お散歩から帰って来ましたよ。

くまたちをドアの後ろから中に入れ、
テーブルの近くに置きます。

> **大きいくま** ただいま！ あれ？
> 誰かがわしのスープを食べたぞ！
> **中くらいのくま** 誰かがわたしのスープを
> 食べたみたい！
> **小さいくま** 誰かがぼくのスープを…
> 全部食べちゃった！！

誰かが
ぼくの椅子を…
壊しちゃった！！

8 くまたちを椅子の近くに動かします。

> **大きいくま** 誰かがわしの椅子に座ったぞ！
> **中くらいのくま** 誰かがわたしの椅子に座ったみたい！
> **小さいくま** 誰かがぼくの椅子を…壊しちゃった！！

9

見て！誰かが
ぼくのベッドに…
寝ているよ！！

くまたちをベッドの近くに動かします。

大きいくま 誰かがわしのベッドに寝たぞ！
中くらいのくま 誰かがわたしのベッドに寝たみたい！
小さいくま 見て！誰かがぼくのベッドに…
寝ているよ！！

10

きゃあー！くまが
たくさんいるわ！

保育者 くまたちが騒いでいると…。
女の子を上にずらして顔を出します。
女の子 きゃあー！くまがたくさんいるわ！
女の子をくまの前を通り過ぎるように動かして、ドアの後ろに置きます。

おしまい

女の子はびっくりして
一目散に
逃げてしまいました

11

保育者 女の子はびっくりして
一目散に逃げてしまいました。
くまたちもびっくりして
目をぱちくりさせたんですって！

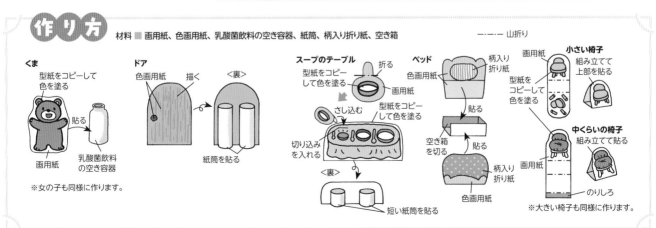

作り方 　材料 ■ 画用紙、色画用紙、乳酸菌飲料の空き容器、紙筒、柄入り折り紙、空き箱

—・—・— 山折り

くま
型紙をコピーして
色を塗る
貼る
画用紙
乳酸菌飲料
の空き容器
※女の子も同様に作ります。

ドア
色画用紙
描く
<裏>
さし込む
紙筒を貼る

スープのテーブル
型紙をコピー
して色を塗る
折る
画用紙
型紙をコピー
して色を塗る
切り込み
を入れる
<裏>
短い紙筒を貼る

ベッド
柄入り折り紙
色画用紙
貼る
空き箱
を切る
貼る
柄入り
折り紙
色画用紙

小さい椅子
組み立てて
上部を貼る
画用紙
型紙を
コピーして
色を塗る

中くらいの椅子
組み立てて貼る
画用紙
のりしろ
※大きい椅子も同様に作ります。

ペープサート

コロコロまんまるパン

まんまるパンは、食べられずに旅ができるでしょうか?
動物たちから逃げる動きに、変化をつけると楽しいです。

型紙
P.74

案・製作●山本省三　モデル●吉田芽吹

このシアターに使うもの

まんまるパン
（表）　（裏）

うさぎ
（表）　（裏）

おおかみ
（表）　（裏）

窓

おばあさん
（表）　（裏）

きつね
（表）　（裏）

くま
（表）　（裏）

油粘土（2個）

窓を油粘土に立て、まんまるパン（表）と
おばあさん（表）を出します。

保育者　おばあさんが、ふっくらまんまるの
　　　　パンを焼きました。

おばあさん　まんまるパンや、熱すぎるから、
　　　　　　窓のそばで少し休んでいておくれ。
　　　　　　冷めたら、おじいさんと食べるから。

まんまるパン（表）を窓に近づけます。

窓のそばで
少し休んで
いておくれ

おばあさんが、
ふっくらまんまるの
パンを焼きました

2

← ／ピョーン

ちょっと辺りを
見ておきたいな

| まんまるパン | そうか、ぼく、冷めたら食べられちゃうのか。
その前に、ちょっと辺りを見ておきたいな。 |

まんまるパン（表）を窓から逃げ出すように動かし、
おばあさん（表）を反転して（裏）にします。

| 保育者 | まんまるパンは、窓から外へピョーン。
そのまま坂道をコロコロコロ。 |

おばあさん（裏）と窓を下げます。

3

おやおや、
おいしそうな
まんまるパンだこと

| 保育者 | すると、向こうからうさぎが
やって来ました。 |

うさぎ（表）を出します。

| うさぎ | おやおや、おいしそうな
まんまるパンだこと。
わたしが食べちゃおうかな。 |

4

♪まんまるパンは
おいしいパン

♪食べられる前に
逃げ出そう

| 保育者 | すると、まんまるパンが歌いだしました。 |

まんまるパン（表）とうさぎ（表）を反転して（裏）にし、「桃太郎」
（文部省唱歌／作曲・岡野貞一）のメロディーで歌います。

| まんまるパン | |

♪
まんまるパンは　おいしいパン
だけどおばあさんから　逃げ出して
まだまだ　旅を続けるの
うーさぎ　なんかーに
食べられる前に　逃げ出そう
コロコロ コロコロ　逃げ出そう

まんまるパン（裏）を、うさぎ（裏）の前を転がるように動かします。

| 保育者 | うさぎがうたにうっとりとしている間に、
まんまるパンはコロコロと
転がっていってしまいました。 |

| うさぎ | わあ、逃げられた！ |

うさぎ（裏）を下げ、まんまるパン（裏）を反転して（表）にします。

5

♪食べられる前に
逃げ出そう

おれ様が
食べてやろうか

| 保育者 | 次にやって来たのはおおかみです。 |

おおかみ（表）を出し、4と同様に演じます。

| おおかみ | ガオガオ、うまそうなまんまるパンだな。
おれ様が食べてやろうか。 |

| 保育者 | すると、まんまるパンはまた歌いだしました。 |

| まんまるパン | |

♪
まんまるパンは　おいしいパン
だけどおばあさんとうさぎから
逃げて　旅を続けるの
おおかみ　なんかーに
食べられる前に　逃げ出そう
コロコロ コロコロ　逃げ出そう

まんまるパン（裏）を、おおかみ（裏）の上を転がるように動かします。

| おおかみ | わっ、よそ見をしていて逃げられた！ |

おおかみ（裏）を下げ、まんまるパン（裏）を反転して（表）にします。

コロコロまんまるパン

6

わしが
食べてやっても
いいですぞ

保育者	今度やって来たのはくまです。

くま（表）を出し、④・⑤と同様に演じます。

くま	ふんふん、よだれが出そうなまんまるパンですな。 わしが食べてやってもいいですぞ。
保育者	まんまるパンは、やっぱり歌いだしました。

まんまるパン	まんまるパンは　おいしいパン だけどおばあさんと　うさぎとおおかみから ♪　逃げて　旅を続けるの くーま　なんかーに 食べられる前に　逃げ出そう コロコロ　コロコロ　逃げ出そう

まんまるパン（裏）を、くま（裏）の前を静かに転がるように動かします。

くま	うたを聴いていたら、眠くなって逃げられた！

くま（裏）を下げ、まんまるパン（裏）を反転して（表）にします。

眠くなって
逃げられた！

7

あれれ、もしかして、
歌のうまい
まんまるパンかい？

保育者	そして、やって来たのがきつねです。

きつね（表）を出します。

きつね	あれれ、もしかして、うたのうまいまんまるパンかい？ 歩いていたら聞こえたよ。もう一度聴きたいな。
保育者	まんまるパンは、うたをほめられてうれしくなりました。

8

まんまるパン	ほめてくれてありがとう。では歌うよ。

まんまるパン（表）を反転して（裏）にし、歌います。

まんまるパン	まんまるパンは　おいしいパン だけどおばあさんと　うさぎとおおかみとくまから ♪　逃げて　旅を続けるの うーたを　うたって 食べられる前に　逃げ出すよ だから誰にも　食べられない
きつね	思ったとおり上手だね。 もっと近くで聴きたいから、ぼくの鼻の 先で歌ってよ。

ぼくの鼻の先で
歌ってよ

♪逃げて
旅を続けるの

まんまるパン（裏）を、きつね（表）の鼻の上に載せて歌います。

♪まんまるパンは
おいしいパン

まんまるパン じゃあ、もう一度。

♪ まんまるパンは　おいしいパン
だけどおばあさんと　うさぎとおおかみとくまから
逃げて　旅を続けるの

保育者 うたを聴きながら、きつねはにこにこ言いました。

きつね やあ、うまい、うまい。
でも、「うまい」のはうただけじゃないはずさ。

保育者 そう言うときつねは、いきなり大きく口を開けました。

でも、「うまい」のは
歌だけじゃない
はずさ

おしまい

うっかりきつねに
だまされて、食べら
れてしまいました

ああ、うまい
まんまるパンだな！

きつね（表）を反転して（裏）にし、
まんまるパン（裏）が食べられたように下に動かして、
きつね（裏）の後ろに隠します。

きつね パクッ。モグモグモグ。ああ、
うまいまんまるパンだな！

保育者 まんまるパンは、うっかり
きつねにだまされて、
食べられてしまいました。

コロコロまんまるパン

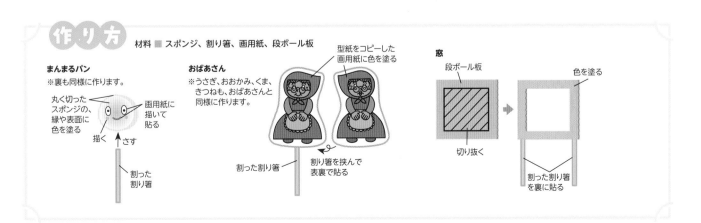

作り方

材料 ■ スポンジ、割り箸、画用紙、段ボール板

まんまるパン
※裏も同様に作ります。

丸く切った
スポンジの、
縁や表面に
色を塗る

描く　さす

画用紙に
描いて
貼る

割った
割り箸

おばあさん
※うさぎ、おおかみ、くま、
きつねも、おばあさんと
同様に作ります。

型紙をコピーした
画用紙に色を塗る

割った割り箸

割り箸を挟んで
表裏で貼る

窓

段ボール板

切り抜く

色を塗る

割った割り箸
を裏に貼る

てぶくろ

スポンジ を使って

小さなねずみから大きなくままで、動物たちがつぎつぎと手袋に入ります。
手袋の中は、いったいどうなっているのでしょうか?

型紙
P.77

案●浅野ななみ　製作●つかさみほ
モデル●伊藤有希菜

このシアターに使うもの

ねずみ　かえる　うさぎ　きつね　おおかみ　いのしし　くま　　手袋

1

おじいさんが、手袋を落としてしまいました

手袋を出します。

保育者 雪の降る寒い冬の日です。
森を散歩していたおじいさんが、
手袋を落としてしまいました。
するとそこへ、誰かがやって来ましたよ。

2

暖かそうな手袋があるぞ!

入ってみよう

ねずみを、ちょこちょこと細かく動かし
ながら出します。

ねずみ チューチュー。
保育者 ねずみさんです。
ねずみ 寒くて寒くて震えちゃう。ぶるぶる。
どこか暖かい所はないかなチュー。
おや? こんな所に暖かそうな手袋があるぞ!
こんにちは、誰かいますか? 返事がないよ。
入ってみよう。

ねずみを手袋の中に入れます。

ねずみ うわー、ポッカポカ! 暖かいおうち見つけた!

3

（寒くて寒くて震えちゃう）

ぶる ぶる

（保育者）おや？ また誰か来ましたよ。
かえるさんです。

かえるを、震えるように動かしながら出します。

（かえる）ケロケロ。寒くて寒くて震えちゃう。
ぶるぶる。どこか暖かい所はないかなケロ。
おや？ こんな所に暖かそうな手袋があるぞ！
こんにちは、入ってもいいですか？

（ねずみ）はーい！ どうぞでチュー。

かえるを手袋の中に入れます。

（かえる）うわー、ポッカポカ！ 暖かいおうち見つけた！

（入ってもいいですか？）

（どうぞでチュー、ケロ）

4

（保育者）次にやって来たのは、うさぎさんです。

うさぎを、小さく跳ねるように動かしながら出します。

（うさぎ）ピョンピョンピョン。寒くて寒くて震えちゃう。
ぶるぶる。どこか暖かい所はないかなピョン。
あら？ こんな所に暖かそうな手袋がある！
こんにちは、入ってもいいですか？

（ねずみ・かえる）はーい！ どうぞでチュー、ケロ。

うさぎを手袋の中に入れます。

（うさぎ）うわー、ポッカポカ！ 暖かいおうち見つけた！

5

（どこか暖かい所はないかなコン）

（保育者）またまたやって来たのは、きつねさんです。

きつねを動かしながら出します。

（きつね）コンコンコーン。寒くて寒くて震えちゃう。
ぶるぶる。どこか暖かい所はないかなコン。
おや？ こんな所に暖かそうな手袋がある！
こんにちは、入ってもいいですか？

（動物たち）はーい！ ぎゅうぎゅうだけど、
どうぞでチュー、ケロ、ピョン。

きつねを手袋の中に入れます。

（きつね）うわー、ポッカポカ！ 暖かいおうち見つけた！

6

（のぞいてみましょう）

（ぎゅうぎゅうです！）

♪ポカポカ ぎゅうぎゅうぎゅう あったかい おうちだよ

♪大きな 大きな 手袋に みんなで 入ろう

（保育者）手袋の中には、ねずみさん、かえるさん、
うさぎさん、きつねさんが入りましたよ。
中がどうなっているのか、のぞいてみましょう。

手袋を開いて、中を見せます。

（保育者）まあ！ 本当にぎゅうぎゅうです！
みんなは元気に歌いました。

「大きな栗の木の下で」（イギリス民謡）のメロディーで歌います。

（動物たち）大きな 大きな 手袋に
みんなで 入ろう
ポカポカ ぎゅうぎゅうぎゅう
あったかい おうちだよ

てぶくろ

7

保育者　みんなの歌声を聞いて、おおかみさんが来ました。
手袋を閉じて、おおかみを出します。
おおかみ　ガオガオ。寒くて寒くて震えちゃう。
　　　　　でもこの中はあったかくって楽しそう！
　　　　　おいらも入れてーガオ！
動物たち　えー！ もう満員ですよ。
おおかみ　そこをなんとか…。ぎゅぎゅぎゅのぎゅー。
おおかみを手袋の中に入れます。
おおかみ　ふ〜、入ったよ！

8

保育者　いのししさんもやって来ました。
いのししを出します。
いのしし　ブヒヒ。寒くて寒くて震えちゃう。
　　　　　でもこの中はあったかくって
　　　　　楽しそう！
　　　　　おいらも入れてーブヒ！
動物たち　えー！ もう満員ですよ。無理でーす。
いのしし　そこをなんとか…。
　　　　　ぎゅぎゅぎゅのぎゅー。
　　　　　ぎゅっぎゅっぎゅっ！
いのししを手袋の中に入れます。
いのしし　ふ〜、入ったよ！

9

保育者　くまさんもやって来ました。
くまを出します。
くま　ズンズンズン。寒くて寒くて震えちゃう。
　　　でもこの中はあったかくって楽しそう！
　　　おいらも入れてーウオー！
動物たち　えー！ もう満員、絶対無理！
くま　そこをなんとか…。
　　　ぎゅぎゅぎゅのぎゅー、
　　　ぎゅぎゅぎゅのぎゅ―――。
くまを手袋の中に入れます。
くま　ふ〜、入ったよ！

10

> 本当に本当に
> ぎゅうぎゅうです！

（保育者） 中はどうなっちゃっているのかな…。
　　　　 ちょっと見てみましょう。

手袋を開いて、中を見せます。

（保育者） 本当に本当にぎゅうぎゅうです！
　　　　 でもみんなは元気に歌いましたよ。

⑥と同様に歌います。

♪大きな　大きな
手袋に
みんなで　入ろう

♪ポカポカ
ぎゅうぎゅう
あったかい　おうちだよ

> わしの手袋は
> どこいった！

逃げろー！

11

おしまい

> おじいさんが
> 手袋を見つけたときには、
> みんなはもう逃げ出した
> あとでした

（保育者） そのときです。遠くでおじいさんの声がしました。
（おじいさん） わしの手袋はどこいった！
（保育者） その声を聞いた動物たちは、慌てて逃げ出しました。
（動物たち） 逃げろー！

動物たちを1匹ずつ手袋から出して下げ、手袋を閉めます。

（保育者） おじいさんが手袋を見つけたときには、
　　　　 みんなはもう逃げ出したあとでした。

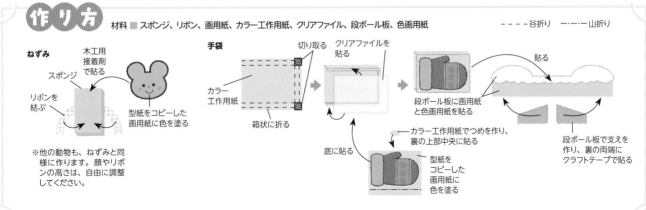

作り方

材料 ■スポンジ、リボン、画用紙、カラー工作用紙、クリアファイル、段ボール板、色画用紙

- - - - 谷折り　- ・- ・- 山折り

ねずみ

木工用
接着剤
で貼る
スポンジ
リボンを
結ぶ
型紙をコピーした
画用紙に色を塗る

※他の動物も、ねずみと同様に作ります。顔やリボンの高さは、自由に調整してください。

手袋

切り取る
クリアファイルを
貼る
カラー
工作用紙
箱状に折る
底に貼る
カラー工作用紙でつめを作り、
裏の上部中央に貼る
型紙を
コピーした
画用紙に
色を塗る

段ボール板に画用紙
と色画用紙を貼る
貼る
段ボール板で支えを
作り、裏の両端に
クラフトテープで貼る

てぶくろ

31

トロルと3びきのドンガラやぎ

橋を渡った山に草を食べに出かけた3びきのやぎたち。けれど、橋の下には
恐ろしいトロルが住んでいて…。うたに抑揚をつけて歌いましょう。

型紙
P.80

案●山本和子　絵人形イラスト●つしまひろし
モデル●池田裕子

このシアターに使うもの

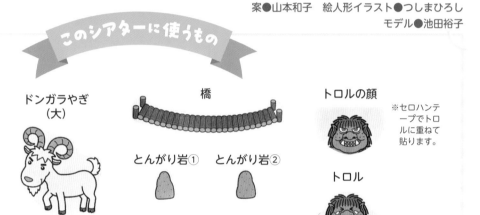

ドンガラやぎ（小）　ドンガラやぎ（中）　ドンガラやぎ（大）　橋　トロルの顔

※セロハンテープでトロルに重ねて貼ります。

とんがり岩①　とんがり岩②

草①　草②

トロル

ぼくは小さいドンガラやぎだよ

わたしは中くらいのドンガラやぎ

おれ様は大きいドンガラやぎだ

1

保育者　むかしむかし、あるところに、
3びきのドンガラやぎがいました。

せりふに合わせてドンガラやぎを順に貼ります。

ドンガラやぎ（小）　ぼくは小さいドンガラやぎだよ。
ドンガラやぎ（中）　わたしは中くらいのドンガラやぎ。
ドンガラやぎ（大）　おれ様は大きいドンガラやぎだ。
保育者　あるとき、3びきのドンガラやぎは、山へ
おいしい草を食べに出かけて行きました。

2

ドンガラやぎを外して、とんがり岩①②を貼り、その上に橋を貼ります。

保育者 山へ行くには、谷川にかかっている橋を渡らなくてはなりません。ところが、その橋の下には、恐ろしいトロルが住んでいたのです。

橋の下に、顔を重ねたトロルを貼ります。

トロル うおお〜、誰も橋を渡らせるものかあ！

3

ドンガラやぎ（小）を出し、橋の途中まで渡るように動かしてから貼ります。

保育者 最初に、小さいドンガラやぎが橋をコトコト渡って行きました。すると…。

4

トロルを動かしながら「トロルの歌」を恐ろしそうに歌い、橋の上に貼ります（楽譜は36ページ）。

トロル
♪ トロルさまのはしを
コトコトわたるやつは
だれだー

5

「3びきのやぎの歌」をかわいらしく歌いながら、ドンガラやぎ（小）を跳ねるように動かしてから貼ります（楽譜は36ページ）。

ドンガラやぎ（小）
♪ ぼくは ちいさい ドンガラやぎさ
おいしいくさを たべにいくところ

トロル 行かせるものかあ。
お前を食ってやる！

お前はさっさと
渡ってしまえ

やったあ!

6

ドンガラやぎ（小） わあ、ちょっと待ってよ！ あとから
もっと大きなドンガラやぎが来るよ。

トロル そうか、大きいのを食った方がいいな。
よし、お前はさっさと渡ってしまえ。

ドンガラやぎ（小） やったあ！

ドンガラやぎ（小）を、橋を渡るように動かして下げます。

保育者 コトコト、コトコト。
小さいドンガラやぎは、無事に橋を渡りました。

トロルを橋の下に貼ります。

7

ドンガラやぎ（中）を出し、⑥と同様に橋の途中まで渡るように
動かしてから貼ります。

保育者 次に、中くらいのドンガラやぎが、
橋をガタガタ渡って行きました。すると…。

トロルを動かしながら歌い、橋の上に貼ります。

トロル ♪トロルさまのはしを　ガタガタわたるやつは
だれだー

うたいながら、ドンガラやぎ（中）を跳ねるように動かしてから貼ります。

ドンガラやぎ（中） ♪わたしは　ちゅうくらいの　ドンガラやぎよ
おいしいくさを　たべにいくところ

トロル 行かせるものかあ。お前を食ってやる！

♪わたしは
ちゅうくらいの
ドンガラやぎよ

行かせるものかあ。
お前を食ってやる！

もっともっと
も〜っと、大きな
ドンガラやぎが来るわ

8

ドンガラやぎ（中） まあ、ちょっと待って！ あとから
もっともっとも〜っと、大きなドン
ガラやぎが来るわ。

トロル そうか、大きいのを食った方がいいな。
よし、お前はさっさと渡ってしまえ。

ドンガラやぎ（中） やったあ！

ドンガラやぎ（中）を、橋を渡るように動かして下げます。

保育者 ガタガタ、ガタガタ。
中くらいのドンガラやぎは、
無事に橋を渡りました。

トロルを橋の下に貼ります。

ドンガラやぎ（大）を出し、3、7と同様に橋の途中まで渡るように動かします。

保育者 最後に大きいドンガラやぎが、橋をドシドシ渡って行きました。すると…。

トロルを動かしながら歌い、橋の上に貼ります。

トロル ♪ トロルさまのはしを　ドシドシわたるやつは　だれだー

重々しく歌いながら、ドンガラやぎ（大）を跳ねるように動かしてから貼ります。

ドンガラやぎ（大） ♪ おれさまは　おおきい　ドンガラやぎだ　おいしいくさを　たべにいくところ

せりふを言いながらトロルを動かします。

トロル おお、待っていた！ 本当に大きなやぎだな。行かせるものかあ。お前を食ってやる！

ドンガラやぎ（大） ほほう、やってみるがいい。おれ様には立派な角と、硬いひづめがある。さあ行くぞ、トロル。

トロルとドンガラやぎ（大）を、ぶつけるように動かします。

ドンガラやぎ（大） ドシッド シッド シッ。

トロルの顔を外し、ドンガラやぎ（大）に蹴り上げられたように上に動かしてから橋の下へ下げて外します。

保育者 ガツン！ バシン！ ビューン！
大きいドンガラやぎは、トロルをはね上げ、谷川へたたき落としてしまいました。

トロル わああ、まいったあ！ お助け〜！

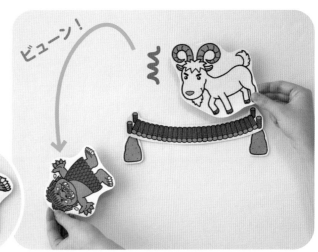

トロルと３びきのドンガラやぎ

35

12

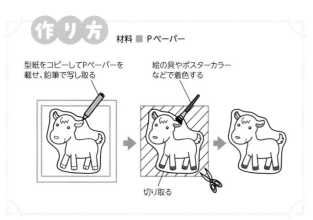

作り方

材料 ■ Pペーパー

型紙をコピーしてPペーパーを
載せ、鉛筆で写し取る

絵の具やポスターカラー
などで着色する

切り取る

橋と、とんがり岩①②を外して草①②を貼ります。ドン
ガラやぎ（小）（中）を貼ります。

保育者 こうしてトロルはいなくなり、3びき
のドンガラやぎは、山へ行っておいし
い草をおなかいっぱい食べることがで
きたんですって。めでたしめでたし。

トロルの歌　　　　　　　　　　　　　　作詞・作曲／山本和子

トロルさまの　　はしを　コトコト／ガタガタ／ドシドシ　わたる　やつは　だれ　だ　ー

3びきのやぎの歌　　　　　　　　　　　　作詞・作曲／山本和子

（かわいく）ぼくは　ちいさい　ドンガラやぎさ
わたしは　ちゅうくらいの　ドンガラやぎよ
（重々しく）おれさまは　おおきい　ドンガラやぎだ
おいしいくさを　たべにいくところ

日本の昔話

* ももたろう

* うらしまたろう

* わらしべ長者

* 十二支のお話

* かさじぞう

* おむすびころりん

パネルシアター ももたろう

ももから生まれたももたろう。きびだんごを持って鬼退治に行く途中、
3びきの仲間に出会いました。ももたろうたちは、鬼をやっつけられるのでしょうか。

型紙
P.82

案・製作●山本省三　モデル●石塚かえで

このシアターに使うもの

ももたろう　（表）（裏）
きびだんご
さる　（表）（裏）
赤鬼　（表）（裏）
山／鬼ヶ島　（表）（裏）
船　（表）（裏）
おじいさん
もも　（表）（裏）
きじ　（表）（裏）
青鬼　（表）（裏）
いぬ　（表）（裏）
おばあさん
緑鬼　（表）（裏）
川

山（表）・おじいさん・おばあさんを貼ります。

保育者　むかしむかし、ある所に、
おじいさんとおばあさんが
仲よく暮らしていました。

おじいさん　おばあさんや。わしは山へ
たきぎを取りに行ってくるからな。

おばあさん　それなら、わたしは川へ
洗濯にまいります。

2

おじいさんを外し、川を貼ります。
もも（表）を揺らしながら貼り、おばあさんに近づけます。

保育者 おばあさんが川に行くと、
大きな大きなももが、どんぶらこ、
どんぶらこと流れて来ました。

おばあさん あれ、まあ、ももよ、ももよ、
こっちゃ来い。

保育者 おばあさんが手招きをすると、
ももは、どんぶらこ、どんぶらこと
近づいてきました。

もも（表）を揺らしながら移動させ、
おばあさんの近くに貼ります。

どんぶらこ

3

包丁で切って
みましょうね

川を外します。

保育者 おばあさんはももを抱えると、
家に持って帰りました。

おじいさんを貼ります。

おじいさん おばあさんや、遅かったのう。

おばあさん ええ、おじいさん、川でこんな大きな
ももを拾いましたからね。

おじいさん こりゃ、びっくりじゃ！

おばあさん 包丁で切ってみましょうね。

4

おばあさん いいですか、切りますよ。
よいしょ！

保育者は指をそろえて、包丁に見立て、
切るように動かします。

保育者 包丁をももに当てた途端…。
パッカーン！

もも（表）を反転して、（裏）にします。

保育者 ももは真っ二つに割れて、
中から元気な赤ちゃんが
飛び出しました。

赤ちゃん おんぎゃあ！

保育者 おばあさんとおじいさんは、
ももから生まれた赤ちゃんに、
ももたろうと名前をつけて、
かわいがって育てました。

パッカーン！

おんぎゃあ！

5

鬼を退治
してきましょう

もも（裏）を外し、ももたろう（表）を貼ります。

おじいさん ももたろう、ずいぶん大きくなったのう。

おばあさん ほんとうに。りっぱになって、
よかった、よかった。

ももたろう おじいさん、おばあさんのおかげです。
ところで、このごろ村に鬼ヶ島から
鬼がやって来て、悪さをすると聞きました。

おじいさん ああ、畑を荒らしたり、
蔵から宝物をぬすんだり、
困ったもんじゃ。

おばあさん 恐ろしいことですねえ。

ももたろう では、このももたろうが鬼ヶ島に行って、
鬼を退治してきましょう。

6

保育者 おじいさんとおばあさんは心配して
止めましたが、ももたろうは聞きません。

おばあさんの手にきびだんごを貼ります。

おばあさん それなら、おじいさんとこしらえた、
元気が出るきびだんごを持って行きなさい。

おじいさん 1つ食べたら、元気百倍、
2つ食べたら、元気千倍じゃ。

きびだんごをももたろう（表）の腰に貼ります。

ももたろう ありがとうございます。
それでは行ってまいりまーす！

保育者は手をふるしぐさをします。

おじいさん・おばあさん 行ってらっしゃい。

きびだんごを
持って行きなさい

行ってらっしゃい

7

ワンワン

おじいさん、おばあさんを外し、ももたろう（表）を歩くように揺らします。

保育者 ももたろうが鬼ヶ島を目指して歩いて行くと、
途中でいぬがやって来ました。

いぬ（表）を貼ります。

いぬ ワンワン、ももたろうさん、お腰のきびだんご、
1つ分けてくれませんか。

ももたろう 鬼ヶ島の鬼退治についてくるなら、分けてあげるよ。

いぬ ワンワン、ついて行きますとも。

保育者 こうしていぬは、ももたろうの仲間になりました。

8

保育者　すると、次にきじがやって来ました。
きじ（表）を貼ります。
きじ　ケーン、ももたろうさん、
　　　お腰のきびだんご、
　　　わたしにも分けてください。
ももたろう　鬼退治についてくるかい。
きじ　ケーン、行きます、行きます。
保育者　きじも仲間になりました。

ケーン

9

保育者　今度はさるがやって来ました。
さる（表）を貼ります。
さる　キッキキッキ、ももたろうさん、
　　　お腰のきびだんご、わたしにも分けてください。
ももたろう　鬼ヶ島にいっしょに行くかい。
さる　キッキキッキ、行きます！
保育者　さるも仲間になりました。

キッキキッキ

もうすぐ、
鬼ヶ島に着くぞ！

10

船（表）を貼り、ももたろうたち（表）
を乗せます。
ももたろう　さあ、鬼ヶ島を目指して、
　　　　　　海を渡ろう！
いぬ・きじ・さる　ワンワン、ケーン、
　　　　　　　　　キッキキッキ！
保育者　しばらくすると、鬼ヶ島が
　　　　見えてきました。
鬼ヶ島（裏）を貼ります。
ももたろう　もうすぐ、
　　　　　　鬼ヶ島に着くぞ！

41

船（表）を外し、ももたろうたち（表）を並べて貼ります。

保育者　ももたろうたちが鬼ヶ島に降り立つと、
　　　　鬼たちがぞろりと現れました。

赤鬼（表）・緑鬼（表）・青鬼（表）を並べて貼ります。

赤鬼　　やい、何しに来た！

ももたろう　お前たちが村に来て、
　　　　悪さをするのを止めに来たんだ！

青鬼　　なんだと！ 生意気なことを言うな！

緑鬼　　それっ！ 踏みつぶしてしまえ！

いぬ（表）を反転して（裏）にし、赤鬼（表）に
かみつくように動かしてから、貼ります。

いぬ　　ワンワン、踏みつぶされるものか、
　　　　かみついてやる！ ガブリ！

きじ（表）を反転して（裏）にし、青鬼（表）を
つっつくように動かしてから、貼ります。

きじ　　ケーン、つっついてやる！ ケーン！

さる（表）を反転して（裏）にし、緑鬼（表）を
引っかくようにしてから、貼ります。

さる　　キッキ、引っかいてやる！ キー！

子どもに応援するよう呼びかけます。

保育者　みんなで応援しよう！
　　　　がんばれ！ 負けるな！

ガブリ！

ケーン

キー！

負けるな！

13

保育者 しかし、鬼たちは暴れるのを
やめません。

ももたろう 鬼たち、おとなしくしないと、
このももたろうが許さないぞ！

ももたろう（表）を反転して（裏）にし、
鬼たちに切りかかるように動かします。
いぬ（裏）・きじ（裏）・さる（裏）も動かします。

保育者 ももたろうの強いこと、強いこと。
鬼たちを刀の先でチクリチクリ、
いぬたちもかんだり、つっついたり、
引っかいたりを続けます。

ももたろうたち えい、えい！ ワンワン！
ケーン！ キッキー！

このももたろうが
許さないぞ！

14

ももたろうたち（裏）を並べて貼ります。
赤鬼（表）・緑鬼（表）・青鬼（表）を順に反転して（裏）にします。

鬼たち ギャア、グエー、ヘナ〜、参りました！

ももたろう もう、悪さはやめるか！

鬼たち はい、もうしません。
盗んだ宝物もお返しします。

参りました〜

15

鬼たち（裏）を外し、船（裏）を貼ります。
ももたろうたち（裏）を反転して（表）に、船（裏）の周りに貼ります。

保育者 こうして見事、鬼を退治して、ももたろう
たちは鬼ヶ島を後にしました。

おじいさん、おばあさんを貼ります。

ももたろう ただいまー、おじいさん、おばあさん。

おばあさん お帰りー！ 宝物を取り返してくれたんだね。

おじいさん がんばったなー、みんな。

保育者 ももたろうたちは、宝物を村の人たちに返して、
みんな仲よく、幸せに暮らしましたとさ。
めでたし、めでたし。

おしまい

めでたし、めでたし

作り方　材料 ■ Pペーパー、スズランテープ

型紙をコピーして
Pペーパーを載せ、
鉛筆で写し取る

絵の具や
ポスターカラーなどで
着色する

切り取る

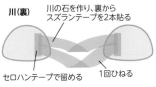

川（裏）

川の石を作り、裏から
スズランテープを2本貼る

セロハンテープで留める　　1回ひねる

（表）

ペープサート

うらしまたろう

かめを助けて竜宮城に行ったうらしまたろう。楽しい時間を過ごして家に
帰りますが…。登場人物になりきって、表情豊かに演じましょう。

型紙
P.86

案●山本和子　絵人形イラスト●中小路ムツヨ
モデル●吉田芽吹

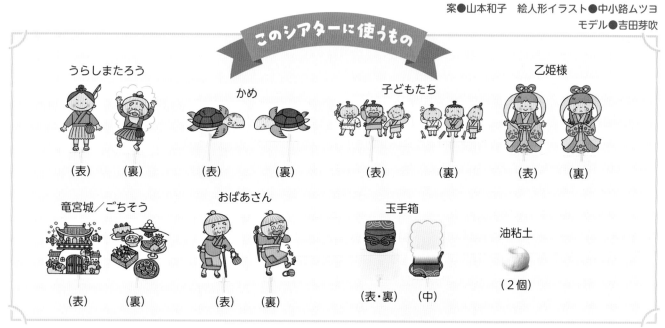

このシアターに使うもの

うらしまたろう
（表）　（裏）

かめ
（表）　（裏）

子どもたち
（表）　（裏）

乙姫様
（表）　（裏）

竜宮城／ごちそう
（表）　（裏）

おばあさん
（表）　（裏）

玉手箱
（表・裏）　（中）

油粘土
（2個）

うらしまたろう（表）を出し、歩くように動かします。

| 保育者 | むかしむかし、浜辺の村に、うらしまたろうという若者が、お母さんと暮らしていました。 |
| うらしまたろう | さて、海へ魚を釣りに行ってこよう。大きな魚が釣れるといいな。 |

海へ魚を釣りに
行ってこよう

2

油粘土に立てたかめ（表）と、子どもたち（表）を出し、
子どもたちがかめをつついているように動かします。

保育者 海へ行くと、子どもたちが大きなかめ
を捕まえて、つついています。

子どもたち わあい、わあい！

うらしまたろう これこれ、やめなさい。
かめがかわいそうだよ。
放してやりなさい。

3

子どもたち（表）を反転して（裏）にします。

子どもたち ごめんなさい。もうしません。

子どもたち（表）を下げます。

うらしまたろう さあ、かめさんや。もう捕まるんじゃないよ。

かめ（表）を反転して（裏）にして持ちます。

かめ ありがとうございます。助けてくれたお礼に
竜宮城にご案内します。さあ、わたしの背中
に乗ってください。

うらしまたろう ほお、竜宮城だって？
いったいどんな所だろう？

4

うらしまたろう（表）をかめ（裏）の背中に乗ってい
るように重ねて持ち、海の中を泳ぐように動かします。
竜宮城（表）を出して、油粘土に立てます。

保育者 うらしまたろうが背中に乗ると、か
めは海の中へ。深い底の方へと、す
いーすいー。しばらく泳いでいくう
ちに、さんごや真珠がちりばめられ
た、美しい御殿が見えてきました。

かめ うらしまさん、あれが竜宮城ですよ。

うらしまたろう わあ、なんて立派な御殿なんだろう！

乙姫様（表）を出します。

| 保育者 | 竜宮城へ着くと、美しい乙姫様が出迎えてくれました。 |
| 乙姫様 | うらしまさん、かめを助けてくれてありがとう。どうぞゆっくりしていってくださいね。 |

かめ（裏）を下げます。竜宮城（表）を反転して、ごちそう（裏）を出します。

保育者	乙姫様は、ごちそうをどっさり出してくれました。
うらしまたろう	わあ、こんなごちそうは見るのも食べるのも初めてだあ！ ああ、夢のようだなあ。
保育者	うらしまたろうは、こうして毎日楽しく過ごしました。

うらしまたろう（表）を油粘土に立てて、ごちそう（裏）を下げます。

| 保育者 | ある日、うらしまたろうは家のある浜辺の村のことを思い出しました。 |
| うらしまたろう | すっかりのんびりしてしまったが、おっかさんもきっと心配しているだろう。そろそろ村に帰らないと。 |

乙姫様（表）を反転して（裏）にして、玉手箱（表）を出し、油粘土に立てます。

| 保育者 | うらしまたろうがお別れを告げると、乙姫様は悲しそうに言いました。 |
| 乙姫様 | どうしても帰るのですね。それでは、この玉手箱をあげましょう。でも、決して蓋を開けてはいけませんよ。 |

玉手箱（表）をうらしまたろう（表）に渡すように動かします。

| うらしまたろう | はい、乙姫様。お世話になりました。 |

乙姫様（裏）を下げて、かめ（裏）を出します。うらしまたろう（表）をかめ（裏）に乗っているように重ね、４と同様に動かします。

| 保育者 | うらしまたろうは、またかめの背中に乗って、すいーすいー。村のある浜辺へ帰って来ました。 |

かめ（裏）を下げ、玉手箱（表）を油粘土に立てて、うらしまたろう（表）をうろうろと動かします。

| うらしまたろう | あれ？ なんだか様子が違うぞ。おらの家がどこにもない。 |
| 保育者 | そこへ、おばあさんがやって来ました。 |

おばあさん（表）を出し、2人が話しているように動かします。

| うらしまたろう | もしもし、おらはうらしまたろうです。おらの家がどこにあるか、知りませんか？ |

9

「なんじゃと!?
うらしまたろう?」

「おっかさんは?
家は?」

「玉手箱を開ければ、
また会えるかも
しれないぞ」

おばあさん（表）を反転して（裏）にします。

おばあさん なっ、なんじゃと!? うらしまたろう? その若者なら、何百年ものむかしに海へ行ったまま帰って来なかったと聞いたことがあるぞ。

うらしまたろう ええっ、何百年もむかし?
そんなはずはない!
おらのおっかさんは? 家は?

おばあさん とっくのむかしになくなっておるわい。

保育者 なんと、うらしまたろうが竜宮城にいた間に、村では何百年もたっていたのです。

10

おばあさん（裏）を下げます。

うらしまたろう なんということだ…。もう、おっかさんも友達も、誰一人いないなんて。

保育者 うらしまたろうは寂しくて寂しくてたまりません。

うらしまたろう ああ、こんなことなら竜宮城にいればよかった…。乙姫様にもう一度会いたいな。

保育者 途方に暮れているうちに、うらしまたろうは乙姫様にもらった玉手箱のことを思い出しました。

玉手箱（表）を持ちます。

うらしまたろう そうだ、玉手箱を開ければ、また会えるかもしれないぞ。

11

玉手箱（表）を開き、（中）を出してうらしまたろう（表）に重ねてから、うらしまたろうを反転して（裏）にします。

保育者 乙姫様に開けてはいけないと言われたのを忘れて、うらしまたろうは蓋を開けてしまいました。その途端、白い煙がほわほわほわ～ん! すると、うらしまたろうの髪の毛はたちまち真っ白になり、腰も曲がって、おじいさんになってしまいましたとさ。

ほわほわほわ～ん!

「おじいさんに
なってしまい
ましたとさ」

「おしまい」

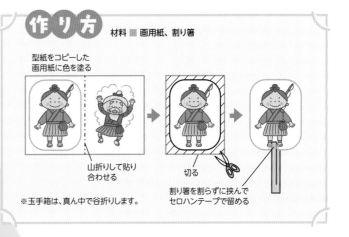

作り方　材料 ■画用紙、割り箸

型紙をコピーした
画用紙に色を塗る

山折りして貼り
合わせる

切る

割り箸を割らずに挟んで
セロハンテープで留める

※玉手箱は、真ん中で谷折りします。

ペープサート わらしべ長者

1本のわらしべから物々交換を繰り返し、ついにはお屋敷と田んぼに!?
心優しい若者のお話です。

型紙
P.89

案●山本和子　絵人形イラスト●つしまひろし

モデル●伊藤有希菜

このシアターに使うもの

若者　　　（表）（裏）
観音様　　（表）（裏）
わらしべ　（表）（裏）
子と母　　（表）（裏）
みかん／絹の布　（表）（裏）
女の人　　（表）（裏）

うま　　　（表）（裏）
男の人／地主　（表）（裏）
屋敷／田んぼ　（表・裏）（中）
油粘土　（2個）

1

観音様（表）を油粘土に立て、若者（表）を出して、
観音様に祈るように動かします。

| 保育者 | むかしむかし、あるところに、
心の優しい若者がいました。
いくら働いてもとても貧乏だったので、お寺で
観音様にお祈りをしました。 |

若者　観音様、どうぞおらを貧乏から救い出してください。

保育者　すると、観音様が動き出して若者に告げました。

観音様（表）を、せりふに合わせて反転して（裏）にします。

観音様　ここを出て、最初に手で触った物を大事に持って
　　　　行きなさい。

若者　はい、観音様。

観音様（裏）を下げます。

どうぞ
おらを貧乏から
救い出してください

最初に
手で触った物を大事に
持って行きなさい

2

わらしべ（表）を出し、若者（表）を転ぶように動かします。

保育者	若者は、お寺の門を出た所で石につまずき、すってんころりん。
若者	わあっ！ いたた！
保育者	起き上がったとき、若者は、1本のわらしべをつかんでいました。
若者	このわらしべが、最初に手で触った物だ。大事に持って行こう。

若者（表）とわらしべ（表）を片手で持って、歩くように動かします。

3

| 保育者 | 若者が歩いて行くと、あぶという虫が、顔の周りをブーン、ブーンと飛び回ります。 |
| 若者 | うるさいあぶだなあ。 |

わらしべ（表）を反転して（裏）にします。

| 保育者 | 若者はあぶをひょいと捕まえて、わらしべに結びつけて、歩いて行きました。 |

4

子と母（表）を出します。

| 子ども | あの虫が欲しいよう。あーん、あーん。 |
| 若者 | 大事なわらしべだが…。よしよし、欲しいならあげよう。 |

若者（表）を油粘土に立て、わらしべ（裏）を子と母（表）に近づけてから下げます。

5

子と母（表）を反転して（裏）にします。

| 保育者 | わらしべをあげると、子どもはにこにこ、大喜び。 |
| 母親 | まあ、ありがとうございます。お礼にみかんをどうぞ。 |

みかん（表）を出し、子と母（裏）から若者（表）の方へ近づけます。

| 保育者 | 子どものお母さんは、若者にみかんをくれました。 |
| 若者 | なんと、わらしべがみかんになったぞ！ありがたいなあ。 |

子と母（裏）を下げます。

若者（表）とみかん（表）を片手で持って、歩くように動かし、
女の人（表）を出します。

- **保育者** 若者が歩いて行くと、
  女の人が苦しそうにしています。
- **若者** もしもし、どうかしたのかね？
- **女の人** のどが渇いて動けないのです。
  この辺りに、お水はありませんか？
- **若者** 水はないが…。
  そうだ、このみかんをあげましょう。

若者（表）を油粘土に立て、みかん（表）を女の人（表）に近づけます。

女の人（表）を反転して（裏）にします。

- **保育者** 女の人は、みかんを食べると、
  のどの渇きが治まりました。
- **女の人** ああ、助かりました。お礼にこれをどうぞ。

みかん（表）を反転して絹の布（裏）にし、若者（表）の手に近づけます。

- **保育者** 女の人は、きれいな絹の布を若者にさし出しました。
- **若者** なんと、わらしべがみかんになって、
  それが絹の布になったぞ！ ありがたいなあ。

女の人（裏）を下げます。

若者（表）と絹の布（裏）を片手で持って、歩くように動かします。
うま（表）を油粘土に立て、男の人（表）を出します。

- **保育者** 若者が歩いて行くと、
  倒れたうまのそばで男の人が困っていました。
- **若者** もしもし、どうかしたのかね？
- **男の人** 用事があって急いでいるのに、
  うまが倒れてしまったのだ。もう、役に立たんわい。
- **若者** うまが死んでしまっては、かわいそうだ。
  この絹の布で、そのうまを譲ってください。
- **男の人** よかろう。

若者（表）を油粘土に立て、絹の布（裏）を男の人（表）に近づけます。

- **保育者** 男の人は、うまと絹の布を取り替えると、
  さっさと行ってしまいました。

男の人（表）と絹の布（裏）を下げます。

- **若者** ああ、なんとかうまを助けてやりたいものだ。

若者（表）をうま（表）に近づけ、祈るように動かします。

- **保育者** 若者は、いっしょうけんめい観音様に
  お祈りしました。
- **若者** どうぞ、うまの命を助けてください。お願いします。
- **保育者** すると、空が光ってうまが目を開け、
  元気に立ち上がったのです。

うま（表）を反転して（裏）にし、動かします。

- **うま** ひひひーん！
- **若者** おお！ よかった、よかった。
  なんと、わらしべがみかんになって絹の布になって、
  元気なうまになったぞ！ ありがたいなあ。

屋敷も田んぼも
畑も、全部お前に
あげよう

10

うま（裏）と若者（表）を片手で持ち、歩くように動かします。
屋敷（表）を油粘土に立て、地主（裏）を出します。

保育者 若者が歩いて行くと、立派な屋敷がありました。

地主 これこれ、そのうまをわしに譲ってくれぬか？

若者 でも、おらの大事なうまですので。

地主 譲ってくれたら、屋敷も田んぼも畑も、
全部お前にあげよう。わしは遠い所へ行くので、
どうしてもうまがいるのじゃ。

11

若者（表）を油粘土に立て、うま（裏）を地主（裏）
のそばに動かしてから、いっしょに下げます。

保育者 若者は、役に立てるならと、うまを
お金持ちのおじいさんに譲りました。

屋敷（表）を反転して田んぼ（裏）にします。

若者 なんと、わらしべがどんどん変わって、
屋敷と田んぼと畑になったぞ。ありがたい、ありがたい。

若者（表）を持って、働くように動かします。

保育者 若者は、それから毎日せっせと田んぼや畑で働いたので…。

わらしべ長者

12

おしまい

田んぼ（裏）を開いて、（中）を出し、若者（表）を反転して（裏）にします。

保育者 お米や作物がどんどんとれ、やがて、
長者といわれるお金持ちになりました。

若者 なんと、わらしべ１本が、おらを長者にしてくれた。
ありがたい、ありがたい。

保育者 若者は、わらしべ長者と呼ばれて、
いつまでも幸せに暮らしたんですって。

わらしべ長者と呼ばれて、
いつまでも幸せに
暮らしたんですって

作り方　材料■ 画用紙、割り箸

型紙をコピーした
画用紙に色を塗る

山折りして貼り合わせる　→　切り取る　→　割り箸を割らずに
挟んでセロハン
テープで留める

※屋敷／田んぼは、真ん中で谷折りします。

ペープサート 十二支のお話

1月1日の朝、早く門まで来た動物たちから順に、その年の王様にしようと神様は言いました。
さて、最初に着いたのは誰でしょう。干支をわかりやすく伝えられるお話です。

型紙
P.91

案・製作●山本省三　モデル●石塚かえで

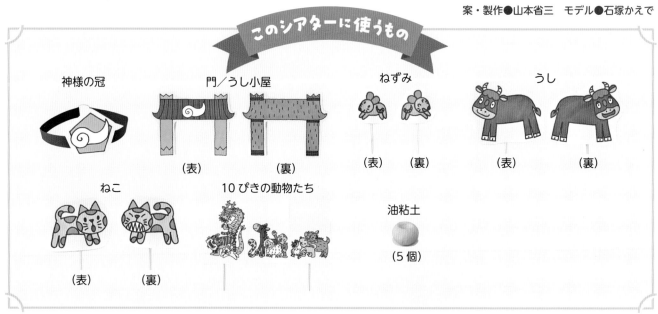

このシアターに使うもの

神様の冠　　　門／うし小屋　　　　　　　ねずみ　　　　　うし

（表）　　　　（裏）　　　（表）　（裏）　　（表）　（裏）

ねこ　　　　　　10ぴきの動物たち　　　　　　油粘土

（表）　　　　（裏）　　　　　　　　　　　　　（5個）

1

門（表）を出し、ねこ（表）、ねずみ（表）、うし（表）、
10ぴきの動物たちを油粘土に立てます。

保育者　むかしむかし、神様は、
年に動物の名前を
つけることを思いつきました。

保育者は神様の冠をかぶります。

神様　おっほん、わしは神様じゃ。
動物たち、よく聞きなさい。
来年から1年ごとにその年の王様に
してやろう。王様になりたい者は、
1月1日の朝にこの門まで来なさい。
ただし、早い者順で、
12番目までじゃ。

1月1日の朝に
この門まで
来なさい

保育者は、神様の冠を外して10ぴきの動物たちを下げ、ねこ（表）とねずみ（表）を持ちます。

ねずみ ねこさん、聞いたチュウ？ 神様の門まで行くと、その年の王様になれるってチュウ。

ねこ しまったニャン。居眠りをしていて、よく聞いてなかったニャン。いつ、門に行けばいいのかニャン？

保育者 ねずみは、自分が王様になれるか心配だったので、ねこに嘘をつきました。

ねずみ 1月2日だチュウ。

ねこ 教えてくれてありがとうニャン。ようし、2日は早起きして、一番乗りするニャン。

ねこ（表）を下げます。

門（表）を反転してうし小屋（裏）にします。屋根にねずみ（表）を置くようにし、うし（表）を持ちます。

保育者 ねずみは、うし小屋の屋根に住んでいました。

うし わたしは歩くのが遅いモウ。夜のうちに出かけるとしようモウ。

ねずみ そうだ、いいこと思いついたチュウ。

保育者 大みそかの夜です。

うし（表）を、うし小屋（裏）から出るように動かします。

うし さあ、まだ夜だけど出かけるモウ。

ねずみ（表）を、うし（表）の背中に乗るように動かします。

ねずみ ウフフ、うしさんの背中に乗って行くチュウ。それ、ピョーン！

うし小屋（裏）を下げて、2ひきを歩いているように動かします。

うし しめしめ、前には誰もいないモウ。のっしのっし。

ねずみ うしさんは気づいていないみたいだチュウ。

門（表）を出します。

うし あっ、もう少しで着くぞモウ。わたしが一番乗りだモウ。

保育者 ねずみは、うしの背中で笑いをこらえていました。

ねずみ 悪いけど、うしさんは一番にはなれないチュウ。

ねずみ（表）を、門（表）の中に飛び込むように動かします。

ねずみ ピョーン！ お先にチュウ！ 神様、ぼくが一番乗りでチュウ！

6

保育者は神様の冠をかぶり、うし（表）を油粘土に立てます。

> 神様　おお、確かに一番に門に着いたのはお前じゃ。
> お前が最初の年の王様じゃ。

ねずみ（表）を反転して（裏）にします。

> ねずみ　わあい！　うれしいチュウ！

7

うし（表）を持ち、反転して（裏）にします。

> 神様　うしは二番目じゃ。
> うし　一番乗りだと思ったのになあ。
> まあ、いいか。

8

ねずみ（裏）とうし（裏）を反転して（表）にしてから油粘土に立て、折り畳んだ 10 ぴきの動物たちを出します。10 ぴきの動物たちを、せりふに合わせて順番に出します。

> 神様　ほほう、動物たちが列を作ってやって来るぞ。ねずみ、うしの次はとら、うさぎにたつじゃ。その次は、へび、うま、ひつじにさる。そして、にわとりにいぬ、いのししとやって来た。これで 12 ひきじゃ。1 年ずつ順に王様になるがよい。

ねずみ（表）とうし（表）、10 ぴきの動物たちを下げます。

9 ねこ（表）を出し、走るように動かして門（表）に近づけます。

> **ねこ** 1月2日だニャア。急げニャン。
> わあい、まだ誰も来てないニャン。
> ぼくが一番乗りだニャン！

それは
きのうじゃ

10

> **神様** おや、なにをしに来たのじゃ？
> **ねこ** 年の王様になるためですニャン！
> **神様** それはきのうじゃ。ねずみが一番乗りして、
> 全部決まってしまったぞ。
> **ねこ** わあ、ねずみにだまされたニャン！

11

おしまい

聞いて
いなかったのが
悪いんだチュウ！

よくもだました
ニャン！

保育者は神様の冠を外し、門（表）を下げます。ねこ（表）を反転して（裏）にします。ねずみ（表）を出し、ねこがねずみを追いかけるように動かします。

> **保育者** ねこはカンカンに怒ってねずみの所へ行きました。
> **ねこ** やい、よくもだましたニャン！
> **ねずみ** もともと、ねこさんが居眠りをして、
> 聞いていなかったのが悪いんだチュウ！
> **保育者** こうして、ねこが年の王様になれなかったのは、
> ねずみのせいだったからと、
> 今でもねこはねずみを許さずに、
> 見つけると追いかけているんですって！

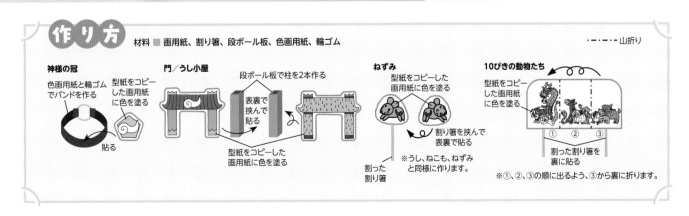

作り方 材料 ■画用紙、割り箸、段ボール板、色画用紙、輪ゴム ・―・―・―山折り

神様の冠
色画用紙と輪ゴムでバンドを作る
型紙をコピーした画用紙に色を塗る
貼る

門／うし小屋
段ボール板で柱を2本作る
表裏で挟んで貼る
型紙をコピーした画用紙に色を塗る

ねずみ
型紙をコピーした画用紙に色を塗る
割り箸を挟んで表裏で貼る
割った割り箸
※うし、ねこも、ねずみと同様に作ります。

10ぴきの動物たち
型紙をコピーした画用紙に色を塗る
① ② ③
割った割り箸を裏に貼る
※①、②、③の順に出るよう、③から裏に折ります。

55

かさじぞう

紙コップ・
紙筒
を使って

型紙
P.93

雪が積もったお地蔵様を見つけたおじいさん。
雪を払って笠をかぶせる心優しい場面や、ラストシーンが見どころです。

案・製作●あかまあきこ　モデル●田村真依奈

このシアターに使うもの

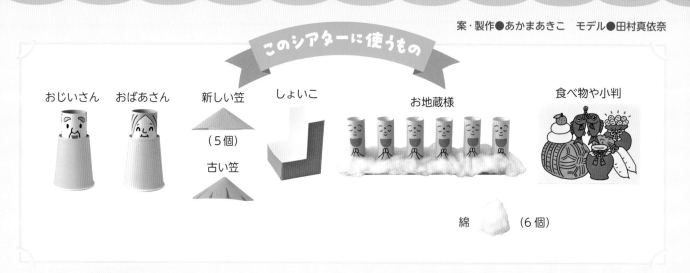

おじいさん　おばあさん　新しい笠　しょいこ　お地蔵様　食べ物や小判

（5個）

古い笠

綿　（6個）

1

貧しいおじいさんと
おばあさんが、
笠を作って暮らして
いました

おじいさんとおばあさん、新しい笠を載せたしょいこ、古い笠を出します。

保育者	むかしむかし、貧しいおじいさんとおばあさんが、笠を作って暮らしていました。
おばあさん	おじいさん、あしたはお正月ですねえ。
おじいさん	そうじゃなあ。お正月なのになにもないのう。そうじゃ、笠を売って餅だけでも買ってくることにしよう。

餅を買って
くるからなあ

気をつけて
くださいね

2

おじいさんに古い笠をかぶせ、しょいこを背負っているようにして動かします。

おばあさん	おじいさん、気をつけてくださいね。
おじいさん	ああ、餅を買ってくるからなあ。
保育者	おじいさんは町へ笠を売りに出かけました。

おばあさんを下げます。

笠〜、笠は
いらんかねー

雪が降って
きたわい

③

しょいこを置き、せりふに合わせて動かします。

`おじいさん` 笠〜、笠はいらんかねー。笠〜、笠はいらんかねー。

`保育者` 町は人でいっぱいなのに、
おじいさんの笠はちっとも売れません。

`おじいさん` 笠〜、笠はいらんかねー。おや、雪が降ってきたわい。
仕方がない、帰るとしよう。

④

こんなに雪が
積もって寒かろう

せりふに合わせておじいさんを動かし、途中でお地蔵様に綿を載せて出します。

`保育者` おじいさんは笠を背負ったまま、とぼとぼと歩いて帰ります。

`おじいさん` 笠は売れなかったのう。
おや、お地蔵様。こんなに雪が積もって寒かろう。

売れ残りの
笠じゃけど
かぶってくだされ

⑤

おじいさんが雪を払っているように動かして、お地蔵様に載せた綿を取ります。

`保育者` おじいさんは、お地蔵様の頭に積もった雪を払いました。

`おじいさん` そうじゃ、売れ残りの笠じゃけどかぶってくだされ。

新しい笠をひとつずつ、お地蔵様にかぶせます。

かさじぞう

> わしの古い笠で
> すまんが、
> かぶってくだされ

おじいさん おや、ひとつ笠が足りないわい。
わしの古い笠ですまんが、かぶってくだされ。

保育者 おじいさんは自分の笠をお地蔵様にかぶせました。

古い笠をおじいさんから外して、お地蔵様にかぶせます。

> 笠をお地蔵様に
> かぶせてあげて
> しまったんじゃ

> それはよいことを
> しましたね

お地蔵様を下げて、おばあさんを出します。

おじいさん ただいま。

おばあさん お帰りなさい。雪が降ってきてたいへん
だったでしょう。

おじいさん 実は笠が売れなくて、餅が買えなくての
う。しかも帰りに、お地蔵様に雪が積もっ
ているのを見たら気の毒でなあ。笠をお
地蔵様にかぶせてあげてしまったんじゃ。
すまんのう。

おばあさん まあ、それはよいことをしましたね。
疲れたでしょう。

> 2人がぐっすり眠った
> 真夜中に、なにか
> やって来ました

> どすん！

保育者 おじいさんとおばあさんは少しばかりの
汁を飲んで、休みました。

おじいさんとおばあさんを下げます。

保育者 2人がぐっすり眠った真夜中に、
なにかやって来ました。

お地蔵様と、食べ物や小判を出します。

保育者 どすん！

おじいさんとおばあさんを出します。

おじいさん なんじゃ？ 今の音は。

おばあさん なんでしょう？ 家の外みたいですね。
行ってみましょう。

お地蔵様を少し端に寄せます。

> なんじゃ？
> 今の音は

> 行って
> みましょう

9

おじいさんとおばあさんを、食べ物や小判に近づけます。

おじいさん	これはなんじゃ？
おばあさん	おやまあ！ お餅やお米に、野菜や魚まで、いっぱいありますね！
おじいさん	酒や小判まであるわい！

これはなんじゃ？

おやまあ！

そうしておじいさんとおばあさんは、とっても幸せなお正月を迎えたんですって

おしまい

なんとありがたい、ありがたい

10

おじいさんとおばあさんを、お地蔵様の方に向けます。

| おばあさん | あれ、おじいさん、あそこに誰かいますよ。 |
| おじいさん | あっ、あれはお地蔵様じゃ。わしが笠をかぶせたお地蔵様じゃ。なんとありがたい、ありがたい。 |

お地蔵様をゆっくりと帰るように動かしながら、下げます。

| 保育者 | そうしておじいさんとおばあさんは、とっても幸せなお正月を迎えたんですって。 |

かさじぞう

作り方

材料 ■ 色画用紙、カラー紙コップ、ペットボトルの蓋、牛乳パック、紙筒、綿、段ボール板、厚紙、画用紙

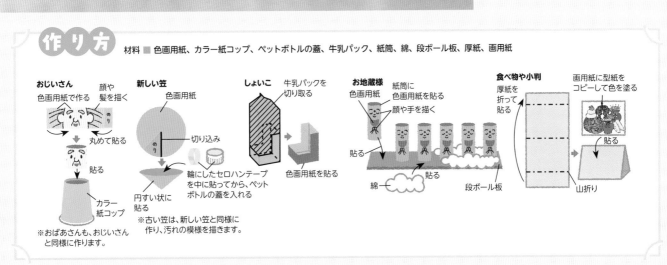

おじいさん
色画用紙で作る
顔や髪を描く
のり
丸めて貼る
貼る
カラー紙コップ
※おばあさんも、おじいさんと同様に作ります。

新しい笠
色画用紙
のり
切り込み
輪にしたセロハンテープを中に貼ってから、ペットボトルの蓋を入れる
円すい状に貼る
※古い笠は、新しい笠と同様に作り、汚れの模様を描きます。

しょいこ
牛乳パックを切り取る
色画用紙を貼る

お地蔵様
色画用紙
紙筒に色画用紙を貼る
顔や手を描く
貼る
綿
貼る
段ボール板

食べ物や小判
厚紙を折って貼る
山折り
画用紙に型紙をコピーして色を塗る
貼る

59

画用紙を使って おむすびころりん

おじいさんが穴の中におむすびを落とすと、中から「♪おむすび ころりん すっとんとん」とかわいい声が聞こえてきます。リズムに乗って進めましょう。

型紙
P.94

案・製作●あかまあきこ　モデル●吉田芽吹

このシアターに使うもの

おじいさんとおばあさん　よくばりおじいさん／もぐら　　山／穴の中　　おみやげ／小判　　でこぼこおむすび

ねずみたち　　（表）　（裏）　　（表）　（裏）　　（表）　（裏）

おむすび　　お餅

（2個）

山（表）とおじいさんを出します。

保育者　むかしむかし、おじいさんが山へたきぎをとりに行きました。

おじいさん　たきぎがたくさん集まったな。さて、ここらでお昼にしよう。

おむすびを2つ出して、おじいさんといっしょに持ちます。

おじいさん　おばあさんが作ってくれたおむすびはおいしそうじゃ。

おむすびを1つ取ります。

おむすびは
おいしそうじゃ

2

保育者　おじいさんはおむすびを食べようとして、
　　　　うっかり落としてしまいました。
　　　　コロコロコロ…ストン！
おむすびを動かして山の穴に入れ、おじいさんを少し穴に近づけます。
おじいさん　ややや、しまった！
保育者　おじいさんが穴のそばに行くと、
　　　　中から声が聞こえてきました。
節をつけて歌います。
ねずみたち　♪おむすび ころりん すっとんとん

3

おじいさん　ほほう、これはおもしろい。
　　　　　　もう１つ入れてみよう。
もう１つのおむすびを穴に入れ、節をつけて歌います。
ねずみたち　♪もうひとつ ころりん すっとんとん！
おじいさん　なんてかわいい声じゃろう。
おじいさんの顔を穴に近づけます。
保育者　おじいさんが穴の中をのぞこうと
　　　　したときです。

4

おじいさん　あっ！ ひゃあ～。
おじいさんを穴に入れます。
保育者　おじいさんは、うっかり穴に
　　　　落ちてしまいました。

5

山（表）を反転して、穴の中（裏）にします。
おじいさんを穴から出し、ねずみたちを出します。

ねずみたち ♪おじいさん ころりん すっとんとん！

おじいさん あいたたた、ふぅー。

ねずみたち おじいさん、おいしいおむすびを
ありがとう。

おじいさん なんと、かわいい声はねずみたち
じゃったか。

ねずみたち お礼にお餅を食べていってくださいな。

♪おじいさん ころりん
すっとんとん！

おいしい
おむすびをありがと

ねずみたち
じゃったか

6

愉快、愉快。
楽しいのう！

お餅を出します。

おじいさん これはおいしい！

保育者 ねずみたちは喜んで、
歌ったり踊ったりしました。

おじいさん 愉快、愉快。楽しいのう！

保育者 おじいさんは大喜び。たっぷり楽しく過ごして、
そろそろ帰ることにしました。

おみやげ（表）を出します。

ねずみたち おじいさん、おむすびのお礼です。
おみやげをどうぞ。

おじいさん これはありがとう、お前たちも元気でな。

ねずみたちとお餅を下げて、穴の中（裏）を反転して山（表）にします。

7

おじいさんとおみやげ（表）を重ねて持ち、
穴に通して出したら、山（表）を下げます。

ピカピカの小判が
たくさん入って
いました

8

おじいさんを開いて、おじいさんとおばあさんにします。

> 保育者 おじいさんは家に帰ると、おばあさんに
> ねずみたちの話をしました。

> おじいさん これがおみやげじゃ。開けてみよう。

> おばあさん なんでしょうね？

おみやげ（表）を反転して、小判（裏）を出します。

> 保育者 なんと、ピカピカの小判が
> たくさん入っていました。

聞いたぞ、
聞いたぞ

9

よくばりおじいさん（表）を出します。

> 保育者 その様子を、隣のよくばりおじいさんがそっと
> 見ていました。

> よくばりおじいさん 聞いたぞ、聞いたぞ。ようし、わしもやってみよう。

おじいさんとおばあさん、小判（裏）を下げます。

> 保育者 よくばりおじいさんは、大急ぎでおむすびを
> たくさん作りました。

でこぼこおむすびを出します。

> 保育者 でこぼこのおむすびを持って、山に行きました。

山（表）を出します。

> よくばりおじいさん この穴だな、それっ！

この穴だな、
それっ！

今度はわしが
入ってやろう

♪おむすび ぎゅうぎゅう
すっとんとん！

10

でこぼこおむすびを穴に入れ、節をつけて歌います。

> 保育者 よくばりおじいさんは、おむすびを穴にぎゅ
> うぎゅう詰め込みました。すると、穴から声
> が聞こえてきました。

> ねずみたち ♪おむすび ぎゅうぎゅう すっとんとん！

> よくばりおじいさん ようし、今度はわしが入ってやろう。

11

よくばりおじいさん（表）を穴に入れます。山（表）を反転して穴の中（裏）にします。

ねずみたち ♪おじいさん ぎゅうぎゅう すっとんとん！

よくばりおじいさん（表）を穴から出し、ねずみたちを出します。

よくばりおじいさん おい、ねずみたち。おむすびをやったのだから、早くおみやげをくれ！

ねずみたち いいですよ。その代わり、わたしたちが嫌いなねこの鳴きまねだけはしないでくださいね。

保育者 それを聞いたよくばりおじいさんは、ねずみたちを追い払って、おみやげの小判をありったけ持ち帰ろうと考えました。そこで…。

早くおみやげをくれ！

ねこの鳴きまねだけはしないでくださいね

とうとうもぐらになってしまいましたとさ

おしまい

にゃ～ん！！

12

よくばりおじいさん にゃ～ん！ ねこだぞ、にゃ～ん！

ねずみたちを下げます。

保育者 ねこの鳴きまねを聞いたねずみたちは、どこかに消えてしまいました。辺りは真っ暗です。

よくばりおじいさん 小判はどこじゃ？ 出口はどこじゃ？

せりふを言いながら、よくばりおじいさん（表）を反転してもぐら（裏）を出します。

保育者 よくばりおじいさんは、穴の中で、とうとうもぐらになってしまいましたとさ。

作り方

材料 ■ 画用紙、色画用紙、厚紙、カラー工作用紙

山／穴の中
色画用紙
貼る
厚紙で支えを作る
裏に貼る
貼る
カラー工作用紙
カラー工作用紙
切り抜く

横から見た所

おじいさんとおばあさん
型紙をコピーした画用紙に色を塗る
山折りする
※おみやげと小判、よくばりおじいさんともぐらも、おじいさんとおばあさんと同様に作り、山折りして貼ります。

おむすび
画用紙
色画用紙
挟んで貼る

ねずみたち
型紙をコピーした画用紙に色を塗る
貼る
厚紙で支えを作る
※お餅も、ねずみたちと同様に作ります。
※でこぼこおむすびも、ねずみたちと同様に作り、支えなしで使います。

コピー用 型紙集

型紙 P.00　このマークが付いているシアターの型紙です。必要な大きさにコピーしてお使いください。

P6~11 赤ずきん

貼り合わせる

（ 赤ずきん ）

（ お花 ）

—・—・—・— 山折り

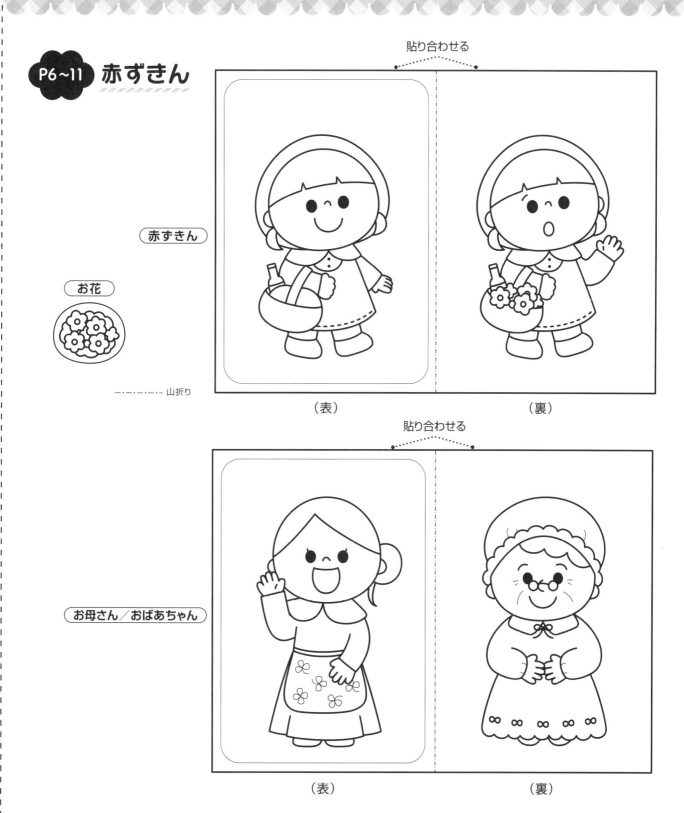

（表）　　　（裏）

貼り合わせる

（ お母さん／おばあちゃん ）

（表）　　　（裏）

貼り合わせる

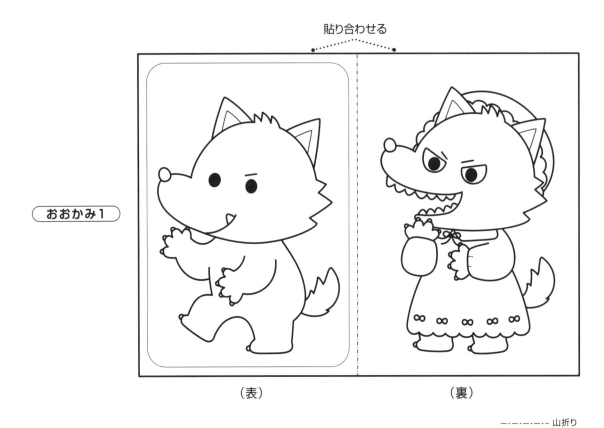

おおかみ1

（表）　　　　　　（裏）

—・—・—・— 山折り

貼り合わせる

おおかみ2

（表）　　　　　　（裏）

貼り合わせる

狩人

（表）　　　　　　　　　　　　　　　（裏）

—・—・—・— 山折り
●——————● 切り込み

ベッド

67

子ぶた

耳

鼻

------- 谷折り

リボン

手

口

母ぶた

洋服

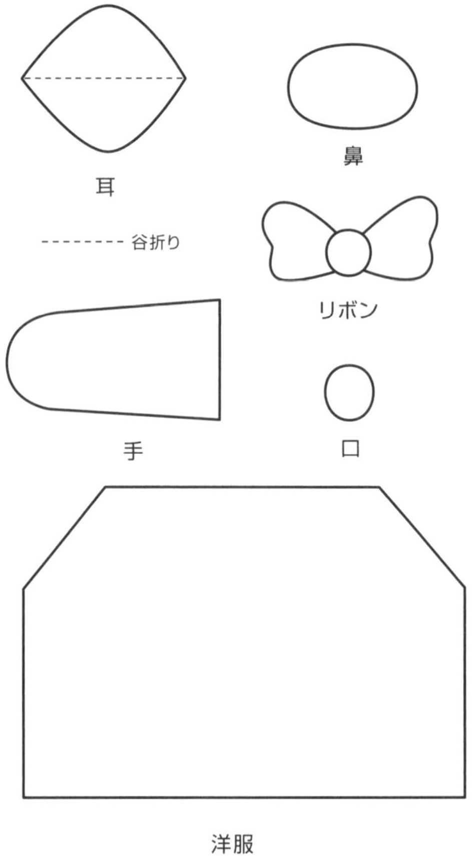

※子ぶたのパーツは200%に拡大コピーをしてください。

おおかみ

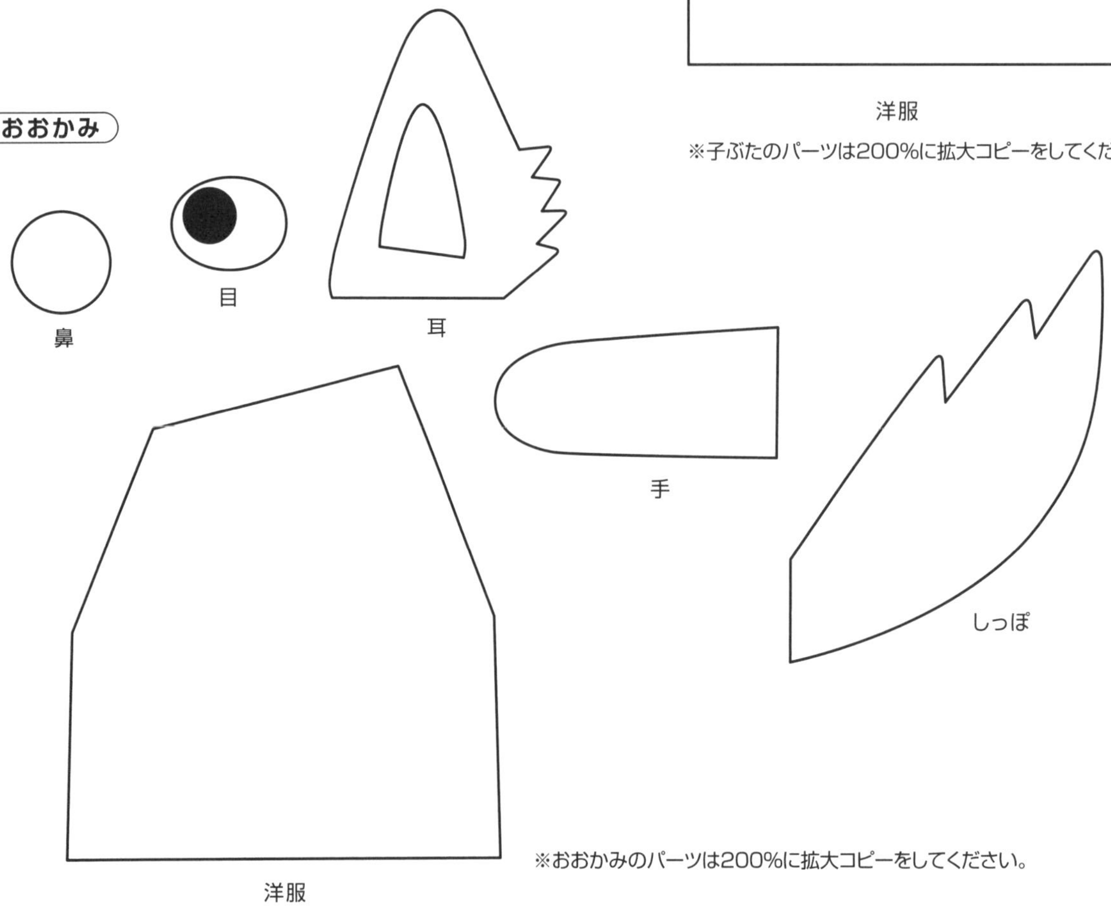

鼻

目

耳

手

しっぽ

洋服

※おおかみのパーツは200%に拡大コピーをしてください。

68

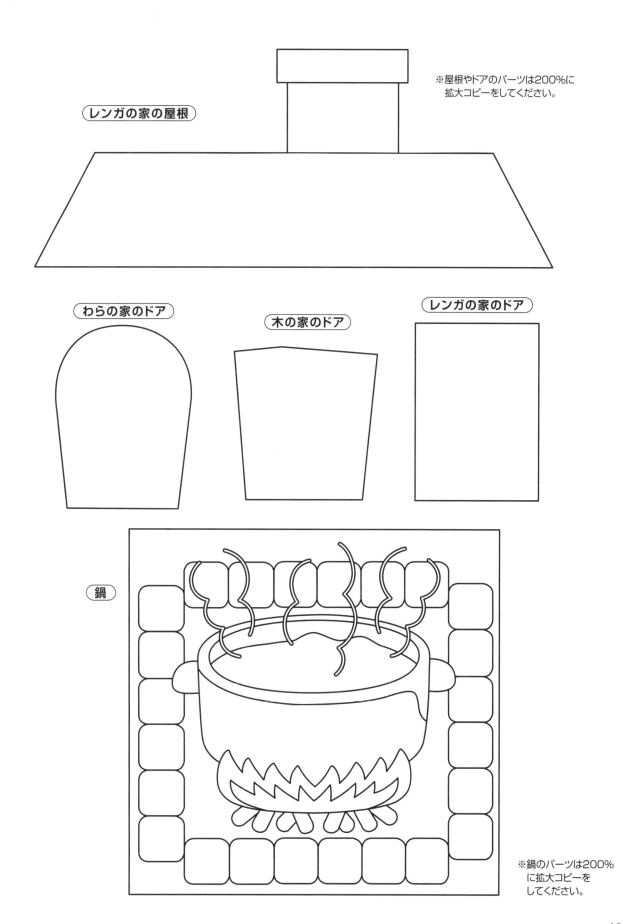

レンガの家の屋根

※屋根やドアのパーツは200%に
拡大コピーをしてください。

わらの家のドア

木の家のドア

レンガの家のドア

鍋

※鍋のパーツは200%
に拡大コピーを
してください。

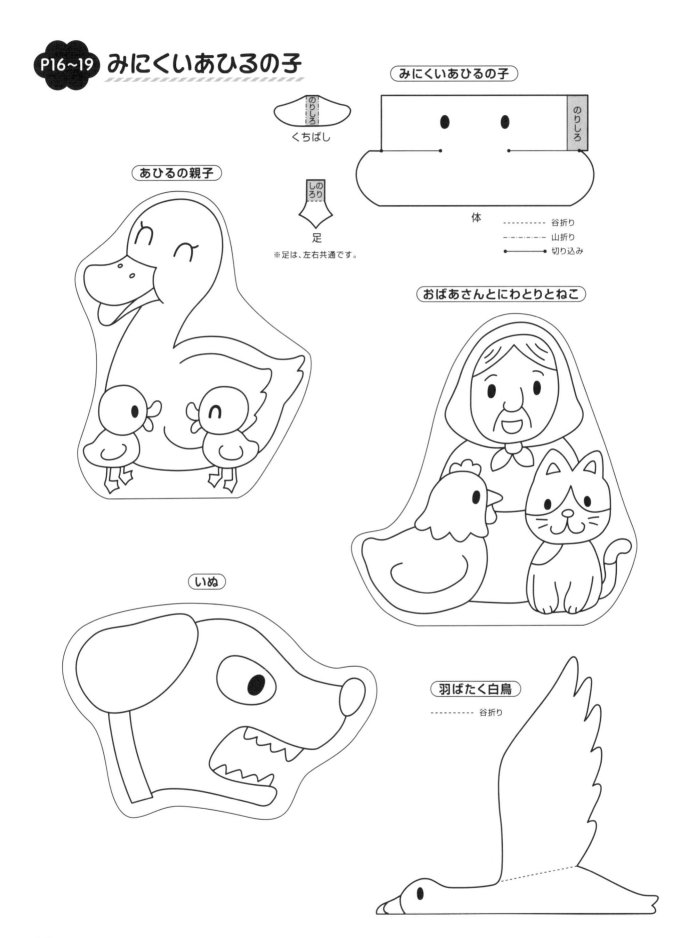

P16~19 みにくいあひるの子

みにくいあひるの子

くちばし

のりしろ

体

足

※足は、左右共通です。

あひるの親子

おばあさんとにわとりとねこ

いぬ

羽ばたく白鳥

-------- 谷折り
-·-·-·- 山折り
•——• 切り込み

--------- 谷折り

70

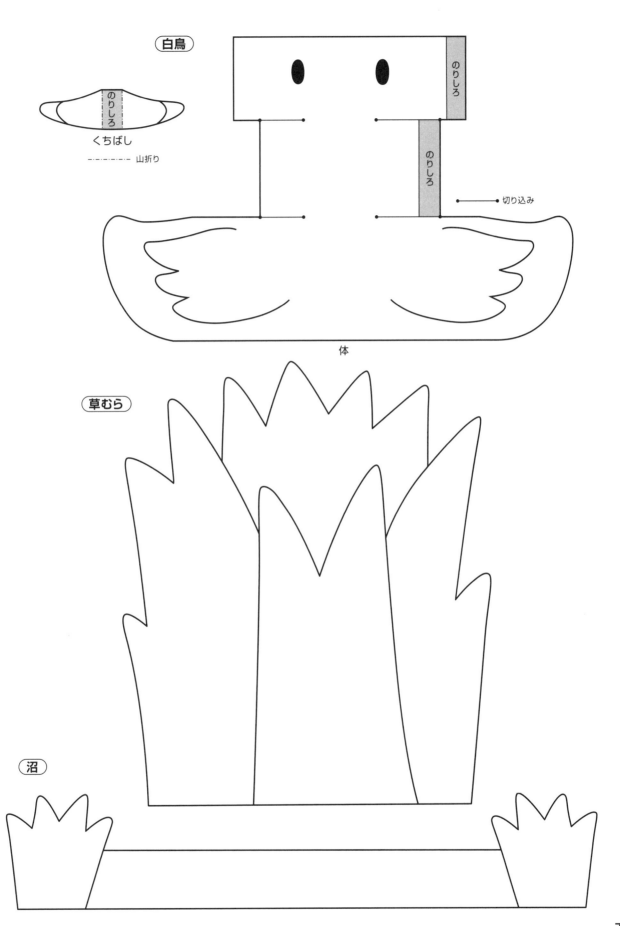

白鳥

のりしろ

のりしろ

のりしろ

くちばし

ー・ー・ー・ー　山折り

切り込み

体

草むら

沼

このメッセージが見えるまで開くときれいにコピーすることができます。

71

3びきのくま

小さいくま

女の子

大きいくま

中くらいのくま

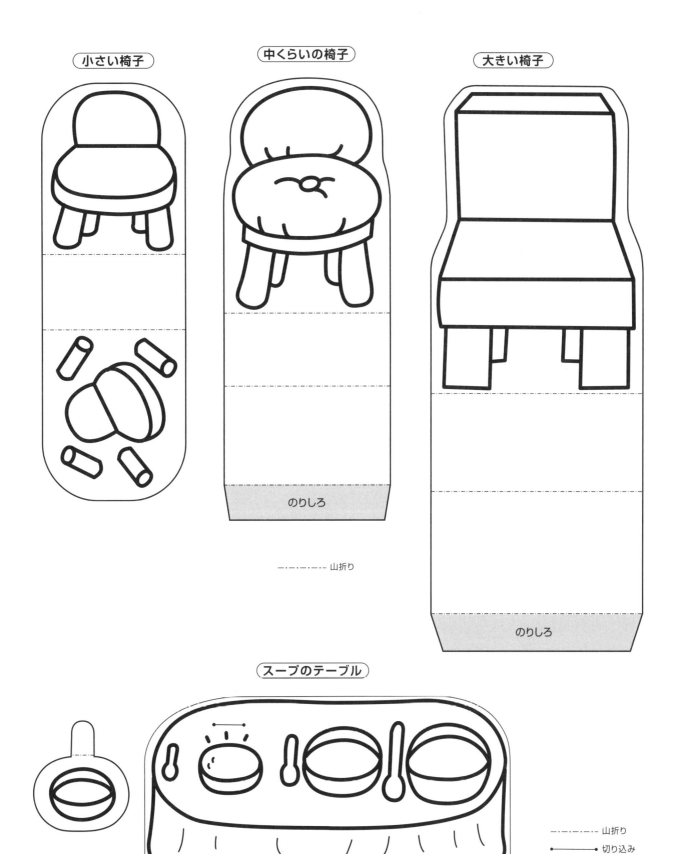

小さい椅子

中くらいの椅子

大きい椅子

のりしろ

のりしろ

—・—・— 山折り

スープのテーブル

—・—・— 山折り

●———● 切り込み

73

おばあさん

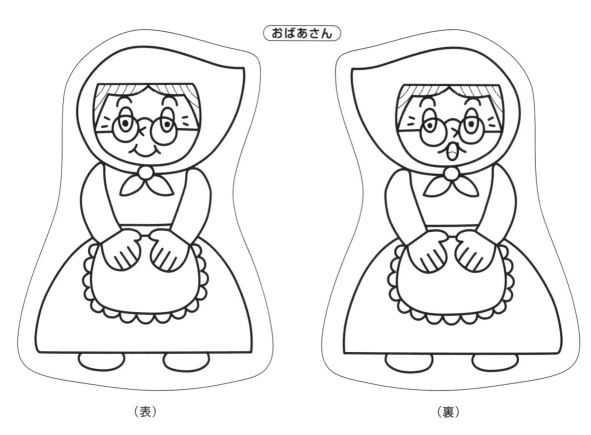

（表）　　　　　　　　　　（裏）

うさぎ

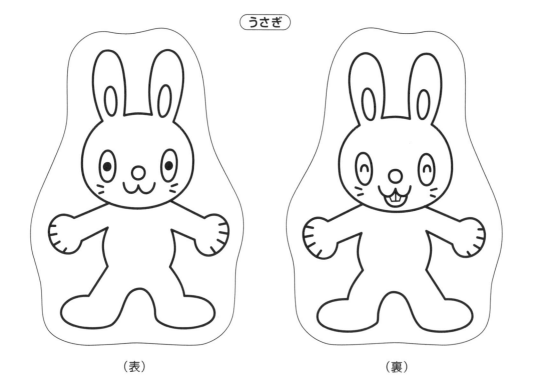

（表）　　　　　　　　　　（裏）

窓

まんまるパン

（表）

（裏）

切り抜く

おおかみ

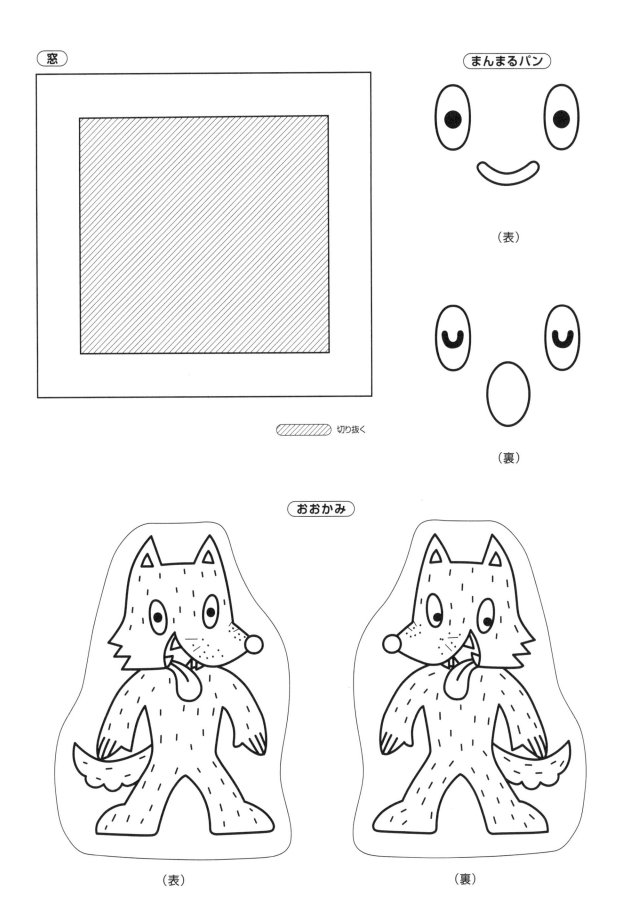

（表）

（裏）

（くま）

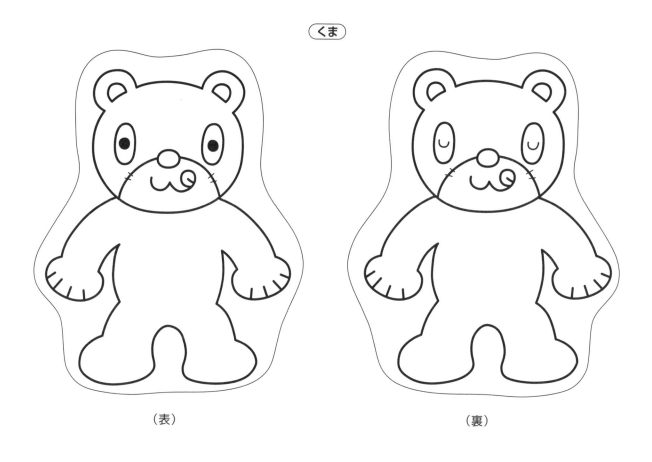

（表）   （裏）

（きつね）

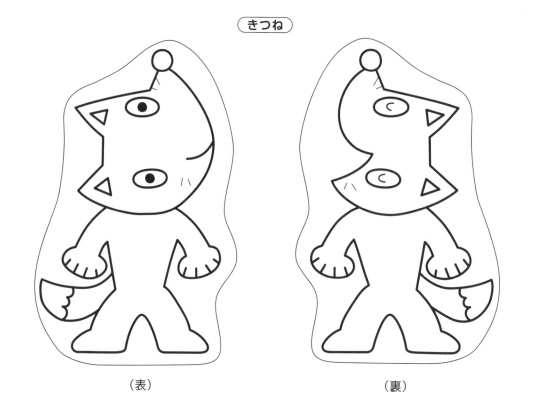

（表）   （裏）

うさぎ

ねずみ

きつね

かえる

おおかみ

いのしし

くま

手袋

背景

※手袋のパーツは、他のパーツの200％に
拡大コピーをしてください。

※手袋のパーツは、他のパーツの200%に
拡大コピーをしてください。

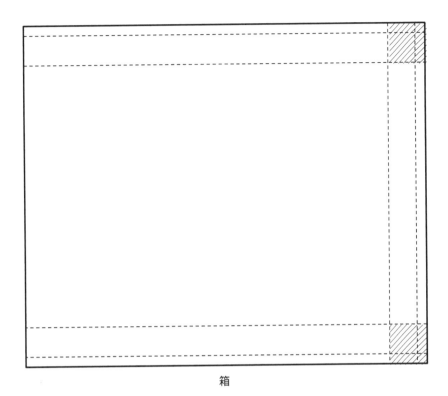

箱

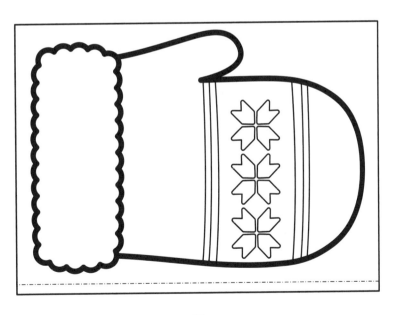

蓋

—·—·—·— 山折り

- - - - - - - 谷折り

切り取る

ドンガラやぎ（小）

ドンガラやぎ（大）

ドンガラやぎ（中）

とんがり岩①

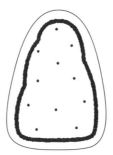

とんがり岩②

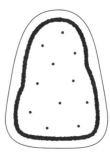

(橋)

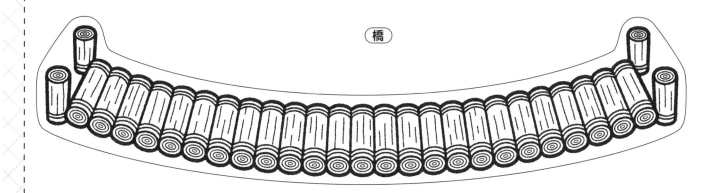

(トロルの顔)

(トロル)

(草①)

(草②)

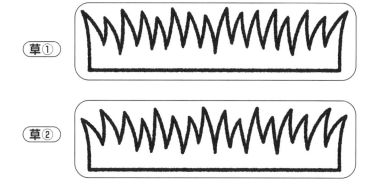

P38〜43 ももたろう

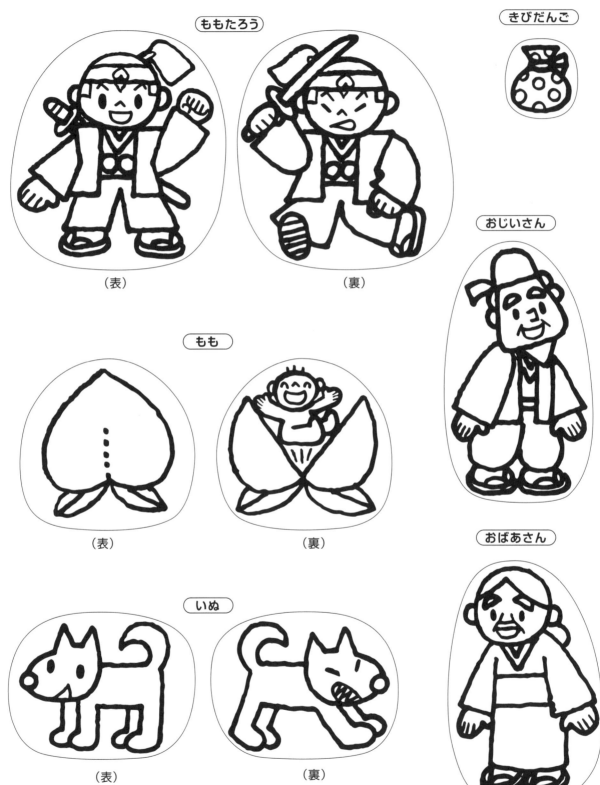

ももたろう

きびだんご

（表）　　　　　　　　（裏）

もも

（表）　　　　　　　　（裏）

おじいさん

いぬ

（表）　　　　　　　　（裏）

おばあさん

82

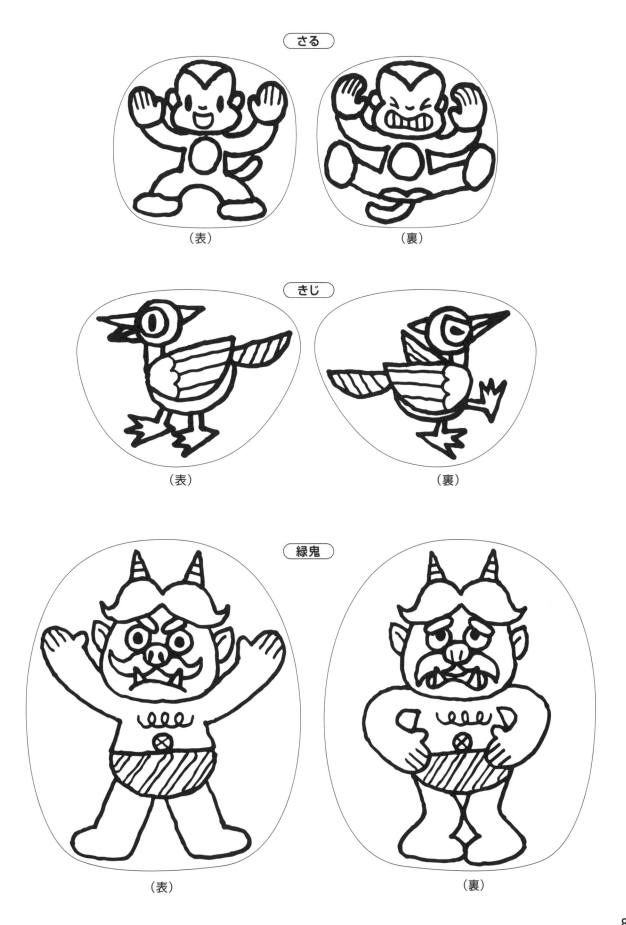

さる

（表）　（裏）

きじ

（表）　（裏）

緑鬼

（表）　（裏）

赤鬼

（表）　　　　　　　　（裏）

青鬼

（表）　　　　　　　　（裏）

山／鬼ヶ島

（表）　　　　　　　　（裏）

川の石

船

（表）

（裏）

うらしまたろう

うらしまたろう

貼り合わせる

（表）　　　　　　　　　　（裏）

乙姫様

貼り合わせる

（表）　　　　　　　　　　（裏）

—・—・—・—・ 山折り

おばあさん

貼り合わせる

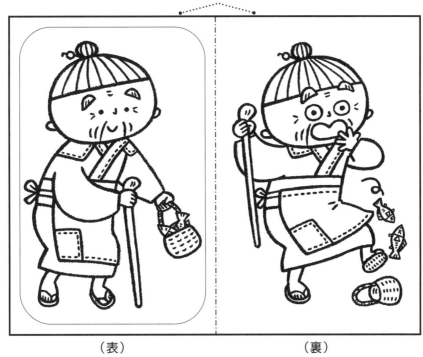

（表）　　　　　　　　　（裏）

玉手箱

貼り合わせる

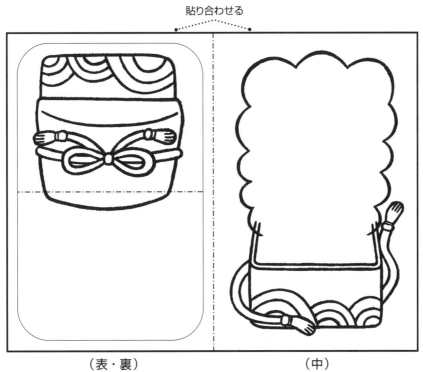

（表・裏）　　　　　　　（中）

―・―・―・― 山折り

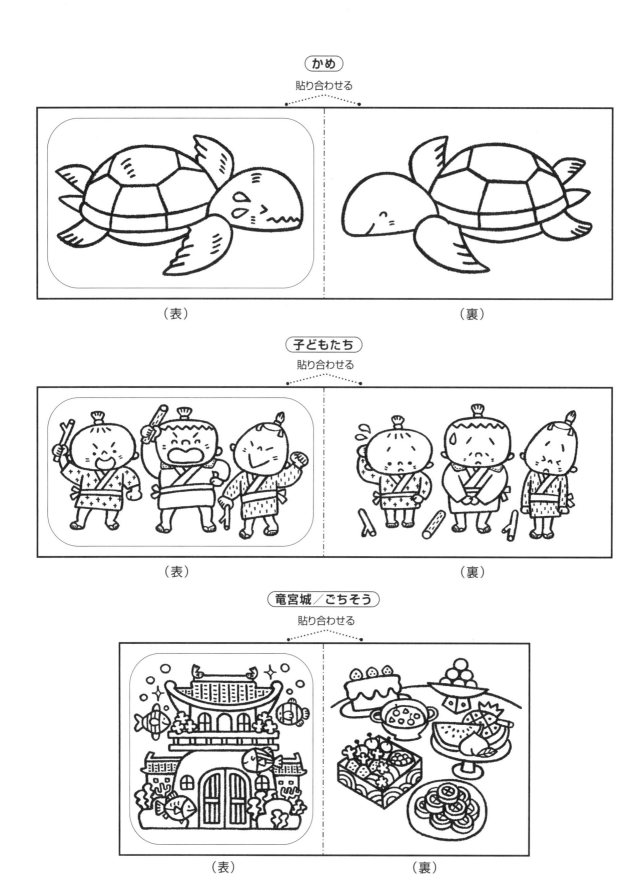

かめ
貼り合わせる
（表）　　　　　　　（裏）

子どもたち
貼り合わせる
（表）　　　　　　　（裏）

竜宮城／ごちそう
貼り合わせる
（表）　　　　　　　（裏）

わらしべ長者

若者

貼り合わせる

（表）　　　　　（裏）

観音様

貼り合わせる

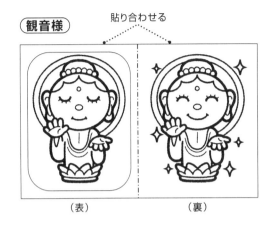

（表）　　　　　（裏）

子と母

貼り合わせる

（表）　　　　　（裏）

わらしべ

貼り合わせる

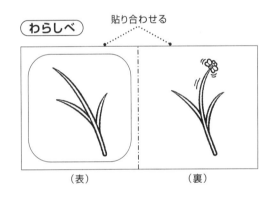

（表）　　　　　（裏）

うま

貼り合わせる

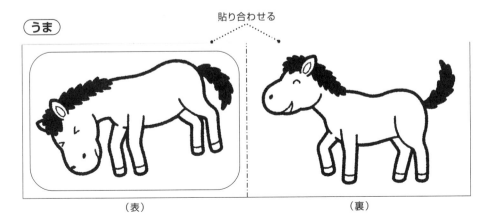

（表）　　　　　（裏）

—・—・—・— 山折り

このメッセージが見えるまで覗くときれいにコピーすることができます。

89

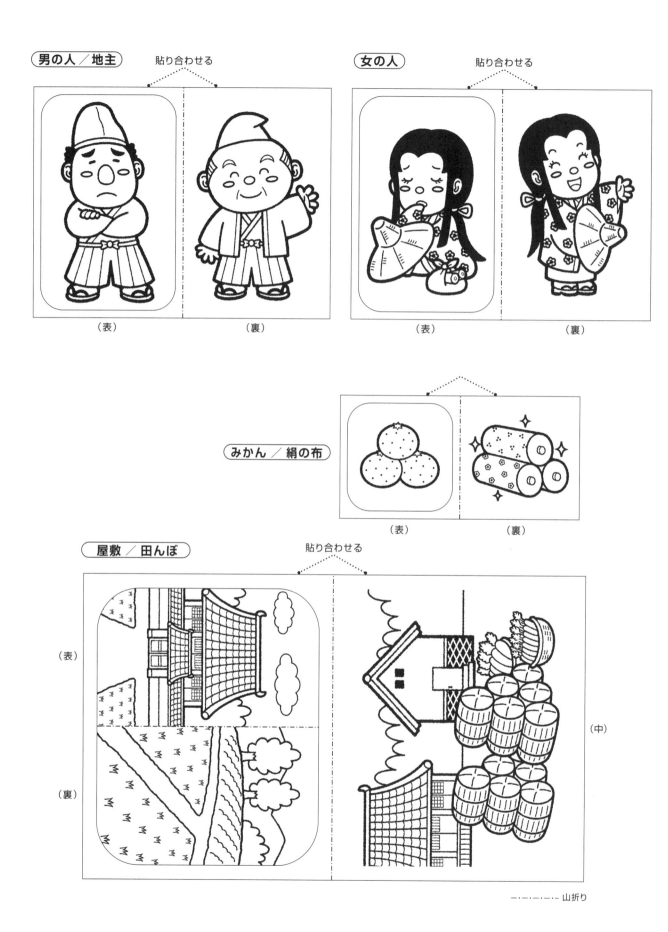

男の人／地主　貼り合わせる
（表）　（裏）

女の人　貼り合わせる
（表）　（裏）

みかん／絹の布
（表）　（裏）

屋敷／田んぼ　貼り合わせる
（表）
（裏）
（中）

ー・ー・ー・ー 山折り

このメッセージが見えるまで開くときれいにコピーすることができます

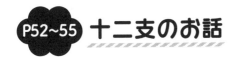

門／うし小屋

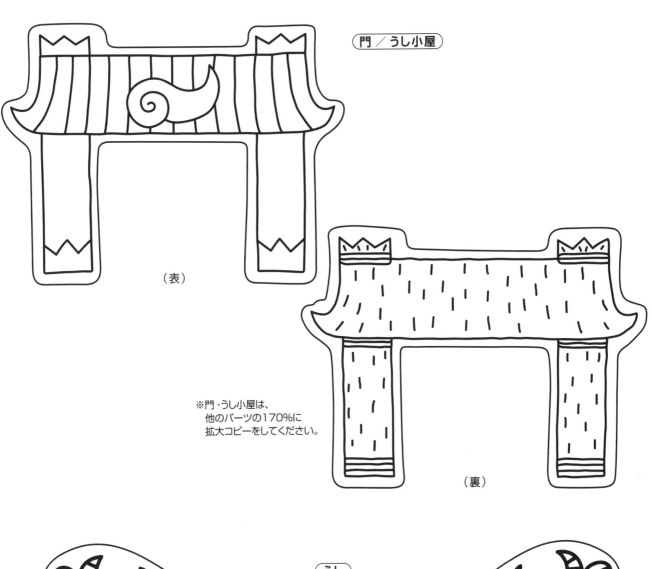

（表）

※門・うし小屋は、
他のパーツの170%に
拡大コピーをしてください。

（裏）

うし

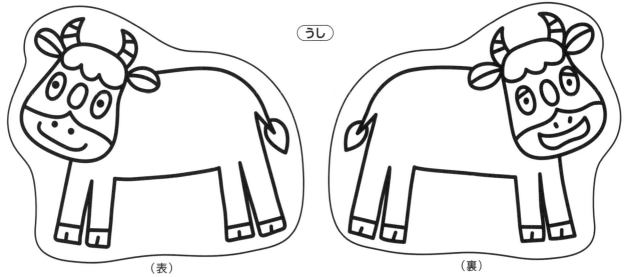

（表）　　　　　　　（裏）

10ぴきの動物たち

—·—·— 山折り

ねこ

（表）　　　　　　　　　（裏）

ねずみ　　　　　　　　　　　**神様の冠**

（表）　　　（裏）

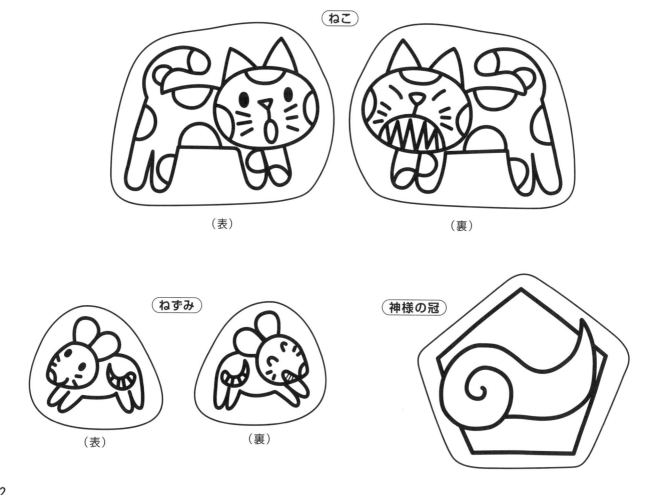

このメッセージが見えるまで開くときれいにコピーすることができます。

 **P56~59 かさじぞう**

（笠）

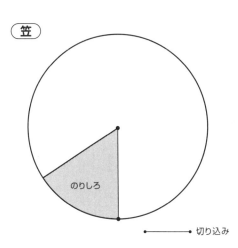

のりしろ

•——— 切り込み

※笠は、150%に拡大コピーをすると、
　掲載サイズになります。

（おじいさん）　※おじいさん、おばあさんは、150%に拡大コピーをすると、
　　　　　　　　掲載サイズになります。

のりしろ

（おばあさん）

のりしろ

（食べ物や小判）

※食べ物や小判は、200%に拡大コピーをすると、掲載サイズになります。

（お地蔵様）

のりしろ

※お地蔵様は、200%に拡大コピーをすると、
　掲載サイズになります。

P60~64 おむすびころりん

おじいさんとおばあさん

おむすび

—・—・—・— 山折り

お餅

ねずみたち

貼り合わせる

おみやげ／小判

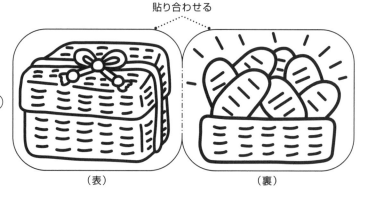

（表）　　　　　　（裏）

このメッセージが見えるまで開くときれいにコピーすることができます

94

でこぼこおむすび

よくばりおじいさん／もぐら

貼り合わせる

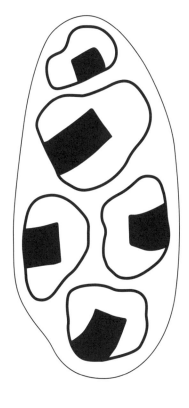

（表）　　　　　　　　（裏）

ー・ー・ー・ー 山折り

山／穴の中

※山／穴の中(裏)は、草を外して作ります。
※山／穴の中は、他のパーツの200％に拡大コピーをしてください。

//////// 切り抜く

● 案（50音順）
あかまあきこ、浅野ななみ、山本和子、山本省三

● 人形製作、絵人形イラスト（50音順）
あかまあきこ、イシグロフミカ、つかさみほ、
つしまひろし、中小路ムツヨ、山本省三

● 昔話シアターのポイント
阿部 恵（道灌山学園保育福祉専門学校保育部長、道灌山幼稚園主事）

カバー、本文デザイン……谷 由紀恵
作り方イラスト……………みつき、わたいしおり
モデル……………………池田裕子、石塚かえで、伊藤有希菜、
　　　　　　　　　　　　田村真依奈、吉田芽吹
撮影………………………林 均
型紙トレース……………奏クリエイト、プレーンワークス
楽譜浄書…………………株式会社クラフトーン
本文校正…………………有限会社くすのき舎
編集協力…………………株式会社スリーシーズン
編集………………………田島美穂

★チャイルド本社のウェブサイト
https://www.childbook.co.jp/
チャイルドブックや保育図書の情報が盛りだくさん。
どうぞご利用ください。

POT ポット ブックス わくわくシアター 日本と世界の昔話

2021年10月　初版第1刷発行

編者／ポット編集部　©CHILD HONSHA CO.,LTD. 2021
発行人／大橋 潤
編集人／西岡育子
発行所／株式会社チャイルド本社
　　　　〒112-8512　東京都文京区小石川5-24-21
電話／03-3813-2141（営業）　03-3813-9445（編集）
振替／00100-4-38410
印刷・製本／共同印刷株式会社

ISBN978-4-8054-0307-5　C2037
NDC376　26×21cm　96P　Printed in Japan

本書を使用して製作したもの、および、型紙を含むページをコピーしたものを販売することは、著作権者および出版社の権利の侵害となりますので、固くお断りします。